图说名人

《图说名人》编委会 编著

居里夫人

发现放射性

MARIE SKŁODOWSKA-CURIE

Faxian Fangshexing

南海出版公司

图书在版编目（CIP）数据

发现放射性：居里夫人 /《图说名人》编委会编著.
-- 海口：南海出版公司，2015.9（2024.8重印）
ISBN 978-7-5442-7969-7

Ⅰ.①发… Ⅱ.①图… Ⅲ.①居里夫人，M.（1867~1934）-传记 Ⅳ.①K835.656.13

中国版本图书馆CIP数据核字（2015）第204904号

FAXIAN FANGSHEXING——JULIFUREN
发现放射性——居里夫人

编　　著	《图说名人》编委会
责任编辑	张蕾
出版发行	南海出版公司　电话：（0898）66568511（出版）
	（0898）65350227（发行）
社　　址	海南省海口市海秀中路51号星华大厦五楼　邮编：570206
电子信箱	nhpublishing@163.com
经　　销	新华书店
印　　刷	天津旭丰源印刷有限公司
开　　本	787毫米×1092毫米　1/16
印　　张	7
字　　数	70千
版　　次	2015年12月第1版　2024年8月第3次印刷
书　　号	ISBN 978-7-5442-7969-7
定　　价	36.00元

南海版图书　版权所有　盗版必究

前言 TUSHUOMINGREN

玛丽·居里夫人（Marie Curie 1867—1934），是一位原籍为波兰的法国科学家，一生曾两度获诺贝尔奖，被誉为"镭的母亲"。她与丈夫彼埃尔·居里(Pierre Curie)共同研究放射性现象，发现了钋(Po)和镭(Ra)两种放射性元素，并因此与法国物理学家亨利·柏克勒尔(Henri Becquerel)分享了1903年的诺贝尔物理学奖。之后，居里夫人继续研究镭在化学和医学上的应用，并且因分离出纯的金属镭而又获得1911年的诺贝尔化学奖。他们研究工作的杰出应用之一是应用放射性治疗癌症。

玛丽·居里于1867年11月7日诞生于沙皇俄国侵略者统治下的波兰首都华沙，父母都是教师。父亲是华沙中学的物理教师，小玛丽在父亲熏陶下长大。她的母亲患有严重的传染病——肺结核病，因此，大姐常常照顾小玛丽。在小玛丽出生（她是家里的第五个孩子）后不久，母亲便辞去教职。后来父亲也失去副督学职务，家庭生活因此比较艰苦。为了养家糊口，父亲靠收寄宿生来补贴生活。后来，母亲和大姐在小玛丽不满十岁时就相继病逝了。玛丽·居里中学毕业后，当了多年家庭教师。从小艰难的生活，培养了她独立的个性和坚强的性格。

1891年，玛丽来到巴黎，进入了巴黎大学学习。1894年她与法国物理学家彼埃尔结识，第二年他们结了婚。从1896年开始，居里夫妇开始共同研究放射性。1903年6月，居里夫人获得物理学博士学位。1906年，彼埃尔不幸因车祸去世。从此，彼埃尔在巴黎大学文理学院的教职由玛丽接任。这是该校六百多年来的第一位女性教授。她的余生一直致力于镭的用途研究。

1934年7月4日，长期积蓄体内的放射性物质所造成的恶性贫血即白血病终于夺去了居里夫人宝贵的生命。她虽然离开了人世，但是她为人类所作的贡献以及她的崇高品行将永远铭记在人们的心里。

目录

睿智的童年

智慧的女孩 / 1

督学的临检 / 10

姐姐之死 / 15

没有母亲的家 / 21

少女时代

高中毕业以后 / 29

资助姐姐留学 / 33

忙碌的家庭教师 / 37

初恋的地方 / 44

返回华沙的家 / 47

留学前的实验 / 53

留学生涯

异国苦学 / 57

贫穷女大学生 / 64

邂逅彼埃尔·居里 / 71

攀登科学高峰

仓库里的实验室 / 81

晚年岁月 / 91

智慧的女孩

睿智的童年

图说名人

1867年11月7日晚上,父亲告诉大家说:"孩子们,你们都过来。今天晚上大家要乖一点。假如你们都很乖,凤鸟就会衔着一个小宝宝来送给妈妈哦!"

"哦,真的吗?"长女罗莎睁着一双乌溜溜的大眼睛,依偎在父亲身旁问道。

约瑟夫和希拉原本趴在木地板上玩积木,一听到凤鸟要带娃娃来,都惊讶得回头望着父亲。

而小布洛妮亚那时才三岁,正在隔壁的木床上睡得很甜。

走廊对面的房间内,即将临盆的母亲正由助产护士照顾着。

孩子们吵着要父亲讲故事,但是,焦急的父亲一心关注着对面房间的动静,故事也讲得漫无头绪,直惹得孩子们频频追问:"后来怎么啦?"

突然,对面房内传来一阵响亮的婴儿哭声,大伙儿都站了起来,罗莎高兴万分地喊道:"爸爸,凤鸟带小宝宝来了!"

门开了,助产护士走了出来。在她手里,捧着一个用柔软的毛巾包着的红脸娃娃,正不断地啼哭着。

"是个女孩儿。"助产护士笑着说,并把娃娃抱给孩子们看。

"我太太还好吧?"

"她很好,您不用担心。"

> 我们应该不虚度一生,应该能够说:"我已经做了我能做的事。"
>
> ——居里夫人

"噢,那太好了。"

父亲松了一口气,对孩子们说:"你们看,因为你们很乖,凤鸟真的把宝宝送来了。"三个小孩都以兴奋的神情望着刚出生的小婴儿。家里传出一阵婴儿的啼哭声,这是他们家的第四个女儿。斯科罗特夫斯基先生为这个孩子取名"玛丽",家里的人都喜欢叫她"玛妮雅"。

玛丽深受父母和兄姐的宠爱,虽然身体瘦了些,可是很健康,不曾罹患什么大病。她就在这个被亲情包围的环境中慢慢地成长。

玛丽父亲斯科罗特夫斯基是世居华沙北方一百千米处斯科洛第地方的波兰贵族,本来拥有田地百亩,但因战乱频繁而全数丧失了。好在斯科罗特夫斯基毕业于圣彼得堡大学,因此得以在华沙中学担任物理、数学教师,并兼任副督学的职位。

他的学问很高,不但懂得文学(特别喜爱诗歌),而且能说八国语言。在玛丽出生前不久,他刚刚被任命为诺佛立普基路男子中学的物理教师兼副督学。他的夫人布洛尼斯洛娃是一个小富人家的掌上明珠,从华沙的一所寄宿制女子中学毕业后,她就留在学校当老师。由于她工作出色,待人诚恳,很快就接任了这所学校的校长。

在这个家庭中,玛丽有三个姐姐:大姐罗莎,二姐布洛妮亚,三姐希拉;她还有一个哥哥叫约瑟夫。约瑟夫比二姐大,在家里排行老二。这几个孩子年纪较相近,大姐罗莎也只比玛丽大八岁。

由于在学校工作,因此对沙俄在文化上的压迫,斯科罗特夫斯基有着切身的体会。他常常教育子女,要学好知识,特别要了解有关波兰的一切。因为统治者可以夺走

知识链接

波　　兰

波兰,全称波兰共和国,中国古称孛烈儿,是一个中欧国家,西面与德国接壤,南部与捷克和斯洛伐克为邻,东部与乌克兰和白俄罗斯相连,东北部和立陶宛及俄罗斯接壤,北面濒临波罗的海。波兰重要的地理位置以及地形导致历史上连年的战火纷争,几个世纪以来波兰的版图也一再更改,而近年波兰无论在欧盟还是在国际舞台的地位已与日俱增。波兰是欧盟、北约、联合国、经济合作与发展组织和世贸组织的成员。

发现放射性——居里夫人

※ 居里夫人之母

祖国的土地、金钱，可以把反对者消灭，但是他们抢不走波兰人掌握的知识。"罗马征服了世界，但希腊文化征服了罗马"，他喜欢用这句话来勉励他的孩子们。

就在波兰人沦为亡国奴的社会环境中，玛丽度过了她苦难的童年。年幼的她还不懂得波兰复杂的社会情况，但时常能听见大人们在悄悄地谈论着："警察……宪兵……沙皇……西伯利亚……"玛丽觉得，这些词似乎带着一些恐怖的含义，总让人感到忐忑不安。

虽然生活的环境很有压抑感，但是玛丽也有一些快乐的时光。每到星期日，斯科罗特夫斯基先生家里就会变得非常热闹，孩子们拿出他们的叔叔送的建筑玩具，在家里玩起打仗的游戏来。

家里唯一的男孩约瑟夫领着姐妹们造城堡、桥梁，就像一位陆军元帅。他们分成两组，用木条做成大炮，小木块当作炮弹，把家里弄成了战场。玛丽由于年纪最小，因此只负责运送"弹药"。她用裙子兜着一堆小木块，在两边跑来跑去，忙得不可开交，脸上不断地淌下汗水，嘴唇也都干了。

"玛丽，妈妈说你玩得太久，该休息一会儿了。"听到大姐罗莎的"命令"，玛丽急忙停住脚步，把小木块撒了一地。

※ 居里夫人之父

3

"姐姐，布洛妮亚还需要我给她运'弹药'呢。"玛丽冲大姐撒起娇来。

"不行，不许再玩了，妈妈叫你过去呢。"在弟弟妹妹们面前，只有十二岁的罗莎已经像一个大人了。

玛丽只好牵着姐姐的手来到妈妈的房间。妈妈看到玛丽后，用手把她松散开的衣服重新系好，拢拢她的头发，然后轻轻地抚摸她的额头。

玛丽坐在妈妈身边，静静地看着妈妈。

从记事起，妈妈在玛丽的眼中就犹如图画中的圣母，她的目光和蔼、安详，脸上永远笼罩着一层慈爱的光辉。但是，妈妈却从来没有拥抱过玛丽，像现在这样用手抚摸前额，已经是玛丽所能得到的最亲密的表示了。

有时候，玛丽真想一头扎进妈

知识链接

波兰被三次瓜分

1772年5月，沙皇俄国、普鲁士、奥地利三国在彼得堡会谈，于8月5日签署第一次瓜分波兰的条约。据此，波兰丧失了约35%的领土和33%的人口，波兰成为俄、普、奥的保护国。1793年1月23日，俄、普在彼得堡签订第二次瓜分波兰的协定，经第二次瓜分，波兰成为仅剩领土20万平方千米，人口400万的小国，成为沙俄的傀儡国，波兰国王未经沙皇许可，不得与外国宣战与媾和。1795年1月3日，俄、奥签订第三次瓜分波兰的协定，10月24日，普鲁士也在协定上签字。根据该协定，波兰领土被全部瓜分。"俄国吞并了立陶宛、库尔兰、西白俄罗斯和沃伦西部，把边界推进到涅曼河—布格河一线，共12万平方千米，人口120万；奥地利占领了包括克拉科夫、卢布林在内的全部小波兰和一部分玛佐夫舍地区，共4.75万平方千米，人口150万；普鲁士夺得其余的西部地区、华沙及其余部分的玛佐夫舍地区，共5.5万平方千米，人口100万"。至此，存在了800多年的波兰灭亡了。在三次瓜分波兰的过程中，沙俄夺占的领土约占原波兰领土的63%，共46万多平方千米；普鲁士夺占约20%，共约14.11万平方千米；奥地利夺占约17%，共约12.18万平方千米。经历了这三次瓜分之后，波兰亡国，波兰从欧洲地图上消失长达123年。

发现放射性——居里夫人

妈的怀里，可是妈妈却总是和她保持着距离。妈妈这种态度对玛丽来说，简直是一个谜。

年幼的玛丽当然不知道，她的妈妈在生她的时候，就有了肺结核病的初期症状。在这之后的几年，虽然经过多方调治，但病情还是日益加重。在那个时代，肺结核病还是一种无法治愈的病症，只有通过调养，依靠患者本身的抵抗力，才有可能逐渐恢复。由于得了这个病，玛丽的母亲已经辞去了女子中学校长的职务，全家都靠玛丽的父亲养活。可是，一个中学教师微薄的薪水，实在难以支撑整个家庭的开支，因此全家的生活一直相当拮据。

为了避免把可怕的肺结核病传染给孩子，妈妈给自己定下了严格的规矩：只用自己专用的餐具，不拥吻任何子女。另外，斯科罗特夫斯基尽量让孩子们多去室外活动。每年的暑假，为了帮助妈妈养病，他们一家总是到乡村的亲戚家度假。

1871年的夏天，斯科罗特夫斯基夫妇带领着五个儿女回到乡下度假。这时，孩子们彻底从压抑封闭的学校环境中解脱出来，就好像来

※ 波兰风光

※ 居里夫人的父母明白让孩子接触大自然的重要性，他们鼓励孩子们多到自然环境中去

到了儿童乐园。他们和乡下的孩子一起下水摸鱼，爬到马背上趾高气扬地做出各种动作和表情，要不然就是到饲养场像模像样地给母牛挤奶……总之，他们从田园生活中找到了无尽的乐趣。

安静下来时，他们还会玩一种"字母游戏"。他们将纸板剪成的字母随意地排列成字，比比看谁认识得多。可不要小看玛丽，尽管她才四岁，可是已经能对看过的单词过目不忘了。哥哥姐姐们虽然很不服气，可是事实胜于雄辩，在这个聪明的妹妹面前，他们只能乖乖认输。

闲暇时，一家人围坐在炉火旁，妈妈用她那修长的手指弹奏起钢琴，悠扬的琴声在这个七口之家的上空回旋，即使小鸟儿飞过也愿意停下来听一听这美妙的声音。小玛丽仰望着母亲，觉得她就像高贵的圣母，脸上永远笼罩着一层慈爱的光辉。

乡村、夏天、假期，孩子们简直是到了"自由王国"，每天都在无忧无虑地玩耍。他们最喜欢和住在山里的表兄弟们一起玩。这里没有偷听人们说话的警察，孩子们可以大胆地说波兰话、唱波兰歌。这里有高大温驯的马可以骑，有漂亮的奶牛提供的鲜奶可以喝。

斯科罗特夫斯基夫妇都是教

发现放射性——居里夫人

育工作者,明白让孩子接触大自然的重要性,因此,他们鼓励孩子们多到自然环境中去。当然,他们也不忘每天教年纪大一点儿的孩子认字、读文章,培养孩子们对学习的兴趣。

那时玛丽四岁,布洛妮亚已经七岁,就快上小学了,父亲要布洛妮亚开始认字。可是,布洛妮亚却喜欢玩扮老师的游戏,而且总是叫妹妹扮学生。

布洛妮亚把该学的功课都叫玛丽学,自己则装模作样、神气万分地教玛丽认字。才四岁的玛丽记性很好,只要布洛妮亚教过的,她一定不会忘记;不管怎样考她,她也不会答错。当然,除非布洛妮亚教错了。

这种师生游戏玩多了,布洛妮亚渐渐地也觉得厌烦,倒是玛丽始终乐此不疲,她常常催促布洛妮亚说:"姐姐,时间到了,我们来玩老师教学生吧!"

这时快乐的暑假即将结束了,整装准备返回华沙的那天早上,父母亲把布洛妮亚叫到跟前,想考考她暑假中所认的字。父亲递给她一本课本,要她朗读。布洛妮亚读得结结巴巴的,站在一旁的玛丽再也沉不住气,一手夺下姐姐的课本,大声地读着。

她得意扬扬地愈念愈起劲,突然发觉大家都一言不发地静静看着她。那种沉默使玛丽害怕,她不知自己做错了什么事。

玛丽一见父母亲眼中流露着难以形容的神情,以为自己要挨骂了,不禁啜泣起来,赶紧甩掉了课本,哭着说:"姐姐,我不是故意的,对不起……"

于是母亲紧紧地抱着玛丽,说道:"玛丽乖,别哭。你好棒哦!什么时候学会这么多字的?爸爸妈妈都在夸你呢!"

自从这件事之后,玛丽对念书的兴趣愈来愈浓厚了,但是,父母亲却反对她这么小就看书。

根据这对教育者经年累月的经验,小孩过于早熟,有时并不是好现象。

有时候,玛丽会捧着图画书来问他们:"爸、妈,这是什么呀?"

那时,他们就会设法引开她的注意力,对她说:"玛丽,你看,今天天气多好啊,到院子里玩玩吧!"

每次当玛丽试图找一两本姐姐们读的书来读时,妈妈都会叫她放下书本:"玛丽,你还是去玩玩积木吧……玛丽,你的布娃娃到哪里去了……唱个歌给妈妈听,好吗……"

可是悠闲的乡村生活只是斯科罗特夫斯基家生活的插曲,一旦回到华沙,他们还是不得不在沙皇俄国的专制统治下生活。

回忆中,最令孩子们高兴的就是住在乡下亲戚家的这些日子。乡村远离都市尘嚣,徜徉在森林茂密、河川清澄、空气新鲜的大自然中,如此甜美快乐,即使孩子们长大了,这些美景也仍然萦绕于他们心中。就以玛丽来说吧,她在结婚之后也经常利用周末举家出游,到美丽的田园漫步;在经济许可的范围之内,有时也到山上、海滨度过漫长的暑假,忘却沉重的工作、研究的疲劳,尽情沉醉于大自然中。

六岁的时候,玛丽进了私立寄宿学校。表面上,她可以读她喜欢的书了,但实际上,玛丽却不得不学习俄国人规定的那些教材。

每天早上,她都穿着领子浆得笔挺的蓝色制服,左手拿着装有笔记本的书包,连跑带跳赶到学校去。上课时,她的神情专注得就像在跟谁生气一般,老是瞪大双眼盯着老师,好像担心漏听了老师的话似的。无论是法语、算术还是历史,她的成绩始终遥遥领先;看起

※居里夫人喜欢空气清新、能给人自由感觉的大自然

发现放射性——居里夫人

书来，即使周围嘈杂不堪，她也专心致志。

她的聪颖着实太令人惊讶了。即使是艰深晦涩的诗，只要听过两遍，她就能一字不漏地照背不误。有的同学认为这是巧合，于是又以各种诗来试试她，结果玛丽仍能背诵自如。因此，同学们对她佩服得五体投地。

聪颖过人的玛丽，做家庭作业只要花费别人所需时间的三分之一，因此有太多空闲的时间，反倒使她感到烦恼。

老师们很快发现，这个孩子虽然年龄不大，但是特别聪明，学东西很快，而且对学习抱有极其浓厚的兴趣。其实他们没有想到，玛丽早在四岁的时候就已经显露出了极强的求知欲。

在班上，对玛丽最为关心的是她的数学和历史老师兼学监安多尼娜·杜芭斯卡小姐，人们喜欢称呼她为"杜普希雅"。杜芭斯卡小姐看起来有些古怪，总是穿一身黑衣，还常常板着脸，似乎对世界上的一切都不满意。可她看玛丽的时候，眼神里总含着深切的关爱，因为在班上，玛丽虽然比其他同学要小两岁，可她一上学就表现出了惊人的记忆力和智力，她所有学科的成绩在班里总是第一名。

杜芭斯卡小姐虽然表面上很冷漠，其实是一位充满爱国激情的知识女性。只不过亡国奴的身份使她不得不把这种火一样的热情隐藏在冰冷的外表下。但是，一到上历史课的时候，杜芭斯卡小姐就会变得神采奕奕，常用波兰语给孩子们讲述波兰的历史和文化。每到这时，教室里便会出现一种神圣、崇高的气氛，孩子们都变得十分激动。因为政府禁止学校使用波兰语，所以无论是讲课的老师还是听课的学生都要有足够的勇气，努力争取这种能用本国语言说话的时刻。

杜芭斯卡小姐用低沉而有力的声音说："同学们，波兰的历史是从波莱斯拉夫建立皮阿斯特王朝开始的。在14世纪中叶，波兰国王瓦迪斯瓦夫一世重新统一了波兰。1596年，华沙成为波兰共和国的首都。但是现在，我们的祖国正遭受不幸，处在俄国的统治之下。我们不能忘记自己的家园和祖先留下的遗产，我们的国家不能成为俄国的领地。"

一天，这位女教师正在带领孩子们复习最近学过的历史课。玛丽被要求复述前几次课的要点，当说到第一次允许外国人分割波兰的国王斯坦斯拉夫时，玛丽用激烈的语气指责说："他是一个缺乏勇气的人，这是波兰的不幸……"

督学的临检

"铃——"教室一隅突然响起一阵细小的铃声。

两声长的,两声短的。这是信号!说明督学官霍恩堡要来检查课堂教学了。

有人小声地说着:"来了,来了。"

整个教室顿时陷入骚乱不安之中。老师和学生们全都变了脸色。

站在讲台上的老师赶紧藏起一些简陋的印刷书,学生们也忙不迭地把波兰文课本和笔记本收好,交由五位学生匆匆忙忙地藏到学生宿舍的门

※ 华沙犹太人纪念碑

板背后。然后，他们立刻又飞快地奔回教室坐定，一副若无其事的样子。

这些工作在铃响之后不到一分钟的时间就完全做好了。

不久，教室的门打开了，一个头发短短、脸庞油腻、戴着一副金边眼镜、个子高高的男人，挺胸阔步而入。

他就是华沙私立学校的督学官霍恩堡。跟在后面的校长，脸色苍白得可怕，并流露出害怕和不安的神色，学生们看得一清二楚。

校长担心什么呢？她担心铃响后不久督学就已进入教室，师生们是否已经把波兰书籍收好了。

看到这幕情景，校长才松了一口气。

"可是，刚才我好像听到有人在念波兰语。"

"不，刚才学生们一面在缝衣服，我一面念俄国短篇小说给他们听。"

督学神情疑惑地掀开了学生的桌子，结果里面什么也没有。

校长和老师面面相觑，彼此流露出心照不宣的神情。

如果督学知道在他进来之前，教室里曾有过那一幕景象，不气疯了才怪！

可是当时，整个华沙的人非但不能读波兰文，也不能读波兰历史。当然，督学也曾耳闻学校背地里教波兰历史的事，只是苦于无真凭实据罢了。今天，他之所以来视察，就是出于这个原因。

学校当局为了应付督学这一招，就在校门的门房装置了暗铃，只要轻轻一按，细微的铃声就可即刻通知各教室有情况发生了。

全班二十五个小女孩都在低头做针线。她们手指上戴着顶针，在毛边的四方布上用心地锁着扣眼。剪子和线轴散乱地放在课桌上。教师的桌上放着一本打开的俄文书。

霍恩堡继续用他那狡猾而冷酷的目光审视着每位学生的脸。

老师说道："刚才，在给学生读克雷洛夫的寓言故事《乌鸦和狐狸》。"

霍恩堡说道："是吗？虽然我们的政府不喜欢这个作家，不过，毕竟他是俄国人。"

霍恩堡像寻找猎物的狼一样，在一把椅子上坐下，环视着周围的一切。

"请叫起一名学生，我有话想问一问。"

玛丽顿时心惊肉跳。坐在第三排的她，本能地把脸转向窗户，心里暗暗祈祷："我的上帝，不要叫我，拜托……"

但是她知道老师一定会叫她，因为她学习成绩最好，俄语也最流利。

听见老师终于叫出她的名字后，玛丽站了起来，瞪着圆圆的眼睛盯着督学官，一种难以言表的耻辱感卡住了她的喉咙。

"背诵祈祷文。"霍恩堡说。

玛丽用毫无情感的声音，准确无误地背出了天主教祈祷文。沙皇发明的最巧妙的侮辱波兰人的方法之一，就是强迫波兰小孩每天用俄语背诵天主教祈祷文。

"由叶卡捷琳娜二世起，统治我们神圣俄罗斯的皇帝是哪几位？"督学官霍恩堡的提问总是带着挑衅的意味，他在提问时特意把"我们"两个字的语气说得特别重。

"叶卡捷琳娜二世、保罗一世、亚历山大一世、尼古拉一世、亚历山大二世……"

字正腔圆的俄语，从玛丽的口中滔滔而出。

督学虽然感到非常满意，但是心中不免暗想："如果她是波兰人，俄语说得实在太棒了。也许她是在圣彼得堡生长的呢！"

因此，他问玛丽："你是在俄国出生的吗？"

"不，我是在华沙出生的。"玛丽坚决地回答。

他又以怀疑的口吻继续询问："俄国皇帝全家的尊称，你知道吗？"

"皇后陛下、亚历山大陛下、大公殿下。"

"尊称皇帝什么？"

"陛下。"

"对本督学称什么？"

"阁下。"

确实，这个孩子记忆力极好，俄语发音也非常标准，简直和生活在莫斯科的俄国孩子没有区别。

督学官满意地笑了，而玛丽的脸色却变得惨白。她在竭力克制内心的反感。

一连串紧迫逼人的询问下，玛丽仍然对答如流，但是，下一个问题却使玛丽愣住了。

"统治波兰的是谁？"

教室一片沉寂，玛丽闭口不答。她实在不愿意说出那个名字。

督学以不愉快的口气又问："到底是谁在统治波兰？"

校长和老师脸色发青，同学们也都神情紧张地望着玛丽，督学的语气，显然已含有愠意。

玛丽面色苍白，好像在做无言的抗议。

督学怒视校长："你难道不曾告诉学生，俄国最神圣的人是谁吗？"

发现放射性——**居里夫人**

校长噤若寒蝉，半晌说不出话来。

这时，玛丽只好心不甘情不愿地说："是俄国皇帝亚历山大二世陛下。"

于是，问话到此结束。督学以蛮横无理的态度叫校长开门，然后神气十足地又步入了另一间教室，继续做"督学视察"的工作。

玛丽的脸开始突变，和她同班的姐姐希拉也直冒冷汗。

杜芭斯卡小姐抬起头："玛丽，我的孩子，到这里来……"

玛丽离开座位，走到老师面前。老师什么也没说，把玛丽紧紧搂在怀里，吻着她的额头。玛丽再也压抑不住自己的痛苦，趴在老师怀里哭了起来。

对于玛丽来说，这样的生活实在难以忍受。忽然，在这个复活了的教室里，波兰小女孩难过得哭了起来。

受考问之后，虽然已经过了好几个小时，这个小女孩仍然觉得不安。她深恨这种突如其来的惊恐，深恨这种屈辱的表演。然而，在俄罗斯沙皇统治下的波兰，使她更沉重地感觉到自己生活中的悲哀。

可是在这个被侵占的国家里，谁都难以摆脱这种屈辱的岁月。

知识链接

叶卡捷琳娜二世

在俄国历史上，叶卡捷琳娜女皇与彼得大帝齐名。这位俄国女皇，原为德意志一公爵之女，1745年嫁给俄皇彼得三世·费奥多罗维奇。1762年6月28日，叶卡捷琳娜二世在宫廷政变中废黜彼得三世，登上皇位。她对外两次同土耳其作战，三次参与瓜分波兰，把克里木汗国并入俄国，打通黑海出海口，她建立了人类历史上空前绝后的俄罗斯帝国。她的政绩卓越，一段段令人目不暇接的情史更成为一代代史学家津津乐道的话题。

叶卡捷琳娜14岁随母亲约翰娜·伊丽莎白来到俄国，在一场政治婚姻中嫁给了俄国女皇伊丽莎白·彼得罗夫娜的外甥彼得三世·费奥多罗维奇，并皈依俄国东正教，成为俄国皇位的继承人。

在俄罗斯帝国历史上，只有两个皇帝获得了"大帝"的名号：一个是帝国

奠基人彼得一世，另一个就是叶卡捷琳娜二世。叶卡捷琳娜二世的统治时间持续了近35年，整个十八世纪后半期的俄罗斯就是她的历史活动舞台。进入叶卡捷琳娜时代，俄罗斯跨进了世界列强行列，并因积极干预欧洲事务被称作"欧洲宪兵"。俄罗斯在十九世纪的强势，很大程度上得益于叶卡捷琳娜时代奠定的基础。其后来者，包括叶卡捷琳娜的儿子保罗一世、孙子亚历山大一世，以及此后的尼古拉一世、亚历山大二世、亚历山大三世和末代沙皇尼古拉二世等六位皇帝，在治国政绩上无人能出其右。

在波兰问题上，叶卡捷琳娜采用循序渐进的策略，首先在1763年操纵波兰选王会议，将她的情夫波尼亚托夫斯基扶上波兰王位。1772年，俄国与普鲁士、奥地利第一次瓜分波兰，得到了白俄罗斯和拉脱维亚的一部分。波兰爱国人士进行了灭亡前的反抗，1791年，爱国党通过了《五三宪法》，宣布废除自由选王制和自由否决权，结果遭到俄普两国的联合打压，叶卡捷琳娜的军队攻占华沙，宣布《五三宪法》无效，并与普鲁士一起签订了第二次瓜分波兰的协议，得到西乌克兰、白俄罗斯和立陶宛的一部分。在1793年波兰的最后一次议会上，在叶卡捷琳娜军队的刺刀下，以"沉默表示同意"的形式通过了这个被宰割的协约。叶卡捷琳娜本来可能想为她的情夫保留一个傀儡王国，但1794年波兰救亡起义风起云涌，在联合普奥两国镇压了波兰起义后，为免夜长梦多，决定第三次瓜分波兰，使这个国家彻底从地图上消失。三次瓜分波兰，贪婪的"北极熊"共分得46万多平方千米的土地。

※ 叶卡捷琳娜二世

发现放射性——居里夫人

姐姐之死

在玛丽两岁时,父亲借着担任副督学的机会,举家迁入公家宿舍;母亲也辞去女子学校校长的职位,在家相夫教子,料理杂务。

母亲气质高雅,她一早起床总是先穿戴整齐,然后开始为五个孩子忙得团团转,谁也看不出她的病情渐渐恶化,身体日益衰弱。

由于疲累,一到夜里,她就会不断地发出无力的咳嗽声。

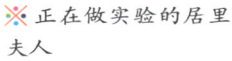

※ 正在做实验的居里夫人

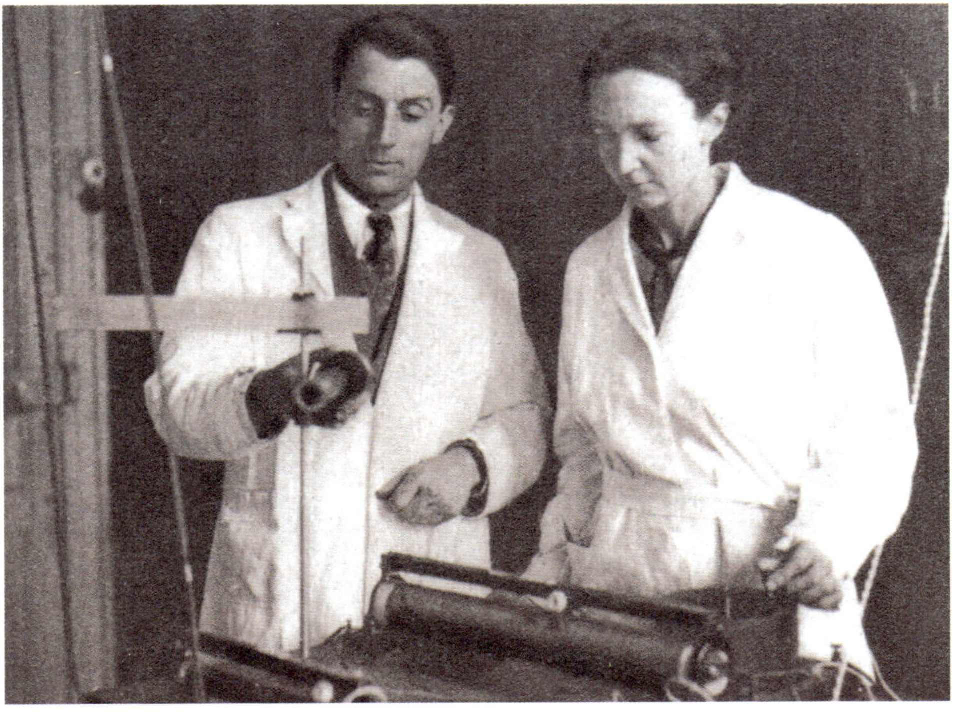

丈夫最了解她的身体，因此每当全家聚集晚祷时，他一定向神祷告："神啊！求你赐给她健康吧！"

玛丽的父亲虽然身兼副督学及中学教师两职，却常常为张罗五个孩子的学费而奔走。因此，玛丽的母亲也只好学着缝制鞋子。她弯着腰，拿着针线做活儿，身体怎么支撑得了呢？

"玛丽，你瞧，鞋子好漂亮哦，这是妈做给你穿的！"

直到后来，玛丽都不曾忘记这一幕。那时，她跨坐在父亲的膝盖上，正看着母亲缝鞋子呢！

回想起母亲为他们缝制鞋子的那段时光，真称得上是幸福的岁月。

后来，母亲的病情更恶化了。医生劝她离开华沙到乡间疗养。几经磋商，母亲终于决定由长女罗莎陪她到法国尼斯养病。

临行之际，母亲搂着玛丽说："要乖哦，玛丽。妈去养病，身体好些就会回来，你要听话哦。"

玛丽点点头，以为母亲很快就会回来。但是，母亲回来时，已是一年后的事了。

原本高贵美丽的母亲，一年未见，竟变得如此消瘦、憔悴。玛丽真不敢相信，眼前的人就是她的母亲！

从此，玛丽一家就笼罩在不幸的阴影里。

玛丽的父亲斯科罗特夫斯基是个刚正不阿的人，有着高度的社会责任感和道德心，可是他身上的这股浩然正气，却让他付出了不小的代价。

事情的起因是他所在学校的校长伊凡诺夫。这个伊凡诺夫也是俄国人在学校安插的督学。他整天无所事事，对教学工作一窍不通，却总是盯着学生和老师们的一言一行，并借机找茬。一次，有个学生因为写错了俄语语法而被他处罚。斯科罗特夫斯基实在看不下去了，就为那个可怜的孩子辩解说："伊凡诺夫先生，请您原谅他，孩子不是故意的，他是疏忽了。您不也在写俄文的时候疏忽过吗？我相信这个孩子和您犯错时一样，都不是故意的。"

他的这番话惹怒了校长，一个没有任何背景的老师，怎么敢和高高在上的校长顶嘴？校长决定要好好整治一下这个不知道天高地厚的老师。

1873年，玛丽六岁那年的秋天，全家刚从乡间度完暑假返回公家宿舍，准备为新学期的来临而忙碌，赫然发现父亲桌上有一纸公文。

父亲阅毕之后，神情骤变。原来，当局决定收回公家宿舍，革除父亲副督学一职，并减少薪水。理由何

发现放射性——居里夫人

知识链接

蒸汽机

世界上第一台"蒸汽机"是由古希腊数学家希罗于1世纪发明的汽转球，不过它只不过是一个玩具而已。约1679年，法国物理学家丹尼斯·巴本在观察蒸汽逃离他的高压锅后制造了第一台蒸汽机的工作模型。约与此同时，萨缪尔·莫兰也提出了有关蒸汽机的一些想法。1698年托马斯·塞维利、1712年托马斯·纽科门和1769年詹姆斯·瓦特制造了早期的工业蒸汽机，他们对蒸汽机的发展都作出了自己的贡献。1807年，罗伯特·富尔顿第一个成功地用蒸汽机驱动轮船。瓦特并不是蒸汽机的发明者，在他之前，早就出现了蒸汽机，即纽科门蒸汽机，但它的耗煤量大、效率低。瓦特运用科学理论，逐渐发现了这种蒸汽机的毛病所在。1765—1790年，瓦特进行了一系列发明，比如分离式冷凝器、汽缸外设置绝热层、用油润滑活塞、行星式齿轮、平行运动连杆机构、离心式调速器、节气阀、压力计等等，使蒸汽机的效率提高到原来纽科门蒸汽机的3倍多，最终发明出了现代意义上的蒸汽机。

在？父亲心里明白。因此，即使提出抗议，也是枉然。

当局催他们尽快搬家。仓促之下，他们只好先搬到一个简陋的小房子里。一两个月后，又搬到距离中学不远的一幢小公寓内。但是，安身之后又将如何呢？

斯科罗特夫斯基失去了在中学的副督学工作，薪水削减得不足以应付一家人的生活，只好动用微薄的存款，转眼间储蓄也将告罄。

为了缓解经济上的压力，斯科罗特夫斯基不得不考虑别的出路。这时候，他有一个做生意的亲戚向他游说一种蒸汽机器的投资。亲戚将这种机器吹捧得天花乱坠，称它为"神奇的蒸汽机"，号称如果对它投资的话，将会获得巨大的收益。斯科罗特夫斯基向来谨慎，可是这次却动摇了。他东拼西凑了三万卢布，投资到了这批机器上，但是由于不善经营，这三万卢布全部损失在了这场失败的投资中。这对本来就拮据的家庭无疑是雪上加霜。

玛丽的父亲只好担任两三个学生的家教，后来甚至增至十来个，

来该怎么办呢?

在玛丽幼小的心灵中,感到一股恐惧。她向神祈祷:"神啊,求你赶快治好罗莎和布洛妮亚的病吧,求求你!"

但是,祷告并没有灵验。一个星期三的早上,父亲神情哀伤地把约瑟夫、希拉和玛丽叫来,说道:"你们都到罗莎房里去吧,但不要吵着她,小声点。"

于是,他们三人跟随在父亲身后,走进罗莎的房间。布洛妮亚已被抱到隔壁,床上只躺着罗莎一人。

酷似母亲的罗莎,瘦骨嶙峋、面无血色,紧抿的嘴唇仿佛含着笑意;她穿着纯白的衣裳,双手交握在胸前,闭着眼睛似乎在沉睡。

"啊,罗莎姐姐死了?"妈妈不在家时,最疼自己的就是罗莎;会说有趣的故事,又会轻声唱赞美歌的罗莎——她就这样死了吗?这真叫玛丽不敢相信。

十六岁的姐姐被放入棺木的那一刹那的情景,深深地烙印在玛丽的脑中。

这时的玛丽才八岁,却已体会到了生离死别的悲哀。

"神为什么不听我祷告呢?"玛丽把白色的康乃馨和洋娃娃放进姐姐的棺木中,嘤嘤啜泣起来。

罗莎出殡那天,华沙的天空一

※ 华沙中心广场

并让他们住到自己家里。

他是多么痛苦啊!为了照顾这十来个学生,必须牺牲全家共享天伦的机会,还得抚育五个孩子,并且时常还得为筹措妻子的医药费而伤神。

到了这种地步,命运之神仍然不放过这一家人。

1876年1月,有一位同住的学生罹患了伤寒,罗莎和布洛妮亚也被感染了。

环境经过消毒,病童也被隔离起来了,一两个星期过去了,接下

发现放射性——居里夫人

片阴霾，浓云笼罩着大地，还刮着刺骨的寒风。

玛丽身穿黑色披肩，由父亲牵着，跟在灵车后面。这是她最后一次和姐姐同行了。

母亲病势已很沉重，无法参加女儿的丧礼。玛丽在送殡的行列中回首一望，只见身穿黑衣的母亲，正倚在窗口拭泪，伤心涕泣地目送罗莎的灵柩离去。

在此后的两年之间，母亲的病情毫无起色。上了学的玛丽每学期成绩都得到优等奖。母亲总是高兴地说："你好棒啊，玛丽。"

每天早上，玛丽都要和女管家及希拉、布洛妮亚去教堂。这座教堂的建筑风格与众不同，是由红色石头造成的，呈楼梯型，塔则是四角形的；教堂的影子映在河中，也映在华沙居民的脑海里。

女管家带着她们进入这座哥特式的教堂，打开厚重的一扇门，里面幽暗一片，高高的彩色玻璃窗上，绘有圣女像。

教堂的正面是高起的布道台，桌上点着蜡烛，在烛影摇曳中，隐约可见布道台后面金黄色的十字架。

这座坐落于米亚斯特广场的教堂，和街道繁华的情景相较，恍如另一个世界。在这教堂里，玛丽总觉得神似乎在她的面前。此时，女

※ 华沙王宫城堡

※路易十八

管家、希拉、布洛妮亚和玛丽一起跪在布道台前的黑色地毯上，低头轻声向神祈祷："神啊，请保佑母亲的病快快痊愈吧！"

没事时，除了读书，玛丽还喜欢去父亲的书房玩。斯科罗特夫斯基拥有一间漂亮的书房，这里是家里最整洁干净的地方。房间里有桃木做的大写字台，有盖着红色天鹅绒的摇椅。屋子尽头的墙上挂着圣母的画像，旁边的架子上放着装饰有法国国王路易十八头像的蓝色赛夫勒瓷杯，还有座翠绿色孔雀石的座钟。屋子的角落里是一个装有玻璃的书橱，透过干净的玻璃可以看到摆在架子上的小天平、玻璃管和一些矿物质标本，甚至还有一个金铂验电器——这些都是斯科罗特夫斯基给学生们上课用的仪器。

"这是什么？"有一次，玛丽指着天平好奇地问父亲。

"我的孩子，这是物理仪器。"斯科罗特夫斯基慈爱地回答。

"物理仪器？"小玛丽还不能完全理解这个陌生词汇的含义，但是这个东西却在她的脑海里扎下了根。在这不知道算不算是上帝给安排的惊鸿一瞥中，玛丽还不知道，她的一生将与这些东西深深地结缘……

发现放射性——居里夫人

没有母亲的家

1878年,漫长的寒冬终于过去了,又到了春暖花开的时节。

而后,杜鹃鸟在森林里啼叫,苹果花正含苞待放,随着徐徐吹来的轻风,金色的五月就快来临了。

五六月是波兰气候最怡人的季节,苍穹一碧如洗,阳光洒满了大地。

家家户户门窗大开,任清风和阳光飘满屋子;更有人悠闲地在屋外晒着太阳。公园里的花朵万紫千红、争奇斗艳,小鸟也吟唱着快乐的春之歌。

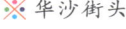
※ 华沙街头

※斯科罗特夫斯基和三个女儿玛丽、布洛妮亚、希拉（左起）

但是，对玛丽一家来说，今年的春天来得特别迟。

历经严冬，母亲的身体愈加衰弱，只能靠着暖炉，无力地坐在安乐椅上，什么活儿都无法做了；而且食欲骤减、脸色极坏，并不停地痛苦咳嗽着。医生只是提醒家人要多留神，全无一句令他们安心的话。

身体羸弱的母亲，有一阵子却突然精神大振，或许这就是回光返照吧。玛丽的母亲知道自己就快离开她所挚爱的儿女和丈夫了。

杜鹃长啼、微风轻吹，但玛丽家的门窗却紧闭着，好像有一种比酷寒更沉重的空气笼罩着他们。

5月9日早上，医生为病人把过脉后，说道："祈求神的祝福吧！"然后起身，把位子让给牧师。

父亲、哥哥、姐姐和玛丽，全都围在母亲床前。在这最后的时刻，母亲看起来有一股凄恻的美。

她伸出骨瘦如柴的手，与家人一一握别；当她最后握住玛丽的手时，一颗清澄的泪珠儿在脸颊闪烁，随后无声无息地滴落在枕头上。

"玛——丽——"母亲似乎用尽全力才喊出来。

玛丽不禁泪如泉涌。她想喊声"妈妈"，可是，声音哽在喉头，一句话也说不出来。

这时，母亲又环视家人，轻轻地说："我爱你们……别了……"说罢，安详地闭上了双眼。

大家都哭了。哀伤的哭声，在房中回荡，玛丽还紧握着母亲的手不放。

"啊！罗莎姐姐走了，现在连妈妈也走了。神为什么不理会我的祷告，还是从我身边将她们夺走！我不再信神了！"十岁的玛丽，由于生离死别的痛苦，不禁对神萌生出了反抗之心。

生活因为灾难而变成了灰色，但生活总要继续下去。生命中的两个重要亲人都不在了，但斯科罗特夫斯基一家必须在今后漫长而孤独

发现放射性——**居里夫人**

的岁月里顽强地走下去。

1882年，斯科罗特夫斯基找到了新的住处，带领着孩子搬出了那个带给他们噩梦般回忆的伤心之地。新房子在来思诺路，比以前的房子宽敞明亮得多，有爬满葡萄藤的阳台，还有可以喂养鸽子的独立的小院子。一家人住在开阔宽敞的二楼，一楼是给寄宿生们上课的地方。这样，孩子们无论是学习还是生活都不用再像从前那样和一群吵吵闹闹的寄宿生在一起了。这让玛丽感到非常惬意，毕竟，自己有了独立完整的房间，这才像个真正的家啊！

早餐时间到了，孩子们欢呼着围坐在一起，开始享受美味的早餐。早点丰富极了，黄油、面包片、波兰腊肠、牛奶、果汁……孩子们还把上午在学校休息时要吃的零食装在各自的食品袋里：一块小面包，一个苹果，一小根腊肠——约瑟夫可从来不带这些课间餐，他觉得零食是只有女孩子才喜欢的东西。孩子们都长大了，个个出类拔萃，这是几年来支撑着斯科罗特夫斯基对生活和环境保持信心的原因。

布洛妮亚一年前中学毕业，

※ 面包、黄油、牛奶等是孩子们丰富的早餐食品

※ 华沙美人鱼

成绩优异，得到了一枚金章；希拉是学校的校花，有着修长的身材，秀丽的长发，迷人的眼睛，时时刻刻都是男孩子们眼中的焦点；家中唯一的男孩约瑟夫更是优秀，高大健壮的身材展示了男孩儿初长成的魅力，并且和布洛妮亚一样学业优异，中学毕业时也得到一枚金质奖章，而且最令人高兴和最让他的妹妹羡慕的是，他可以继续在大学医学院深造，这是沙皇政府统治下的男人们才享有的权利；至于玛丽，这个让父亲骄傲的孩子，她已进入中学，以极其聪明的头脑和严谨的学习态度博得了大家的赞赏。老师们总是惊诧这个小姑娘似乎脑子里有台记忆机器，她几乎能对所有的知识过目不忘；同学们则对这个每次考试总是拿满分的女同学啧啧称赞。

玛丽有一点让他们最为佩服，那就是她学习时的专注。一旦她的精力集中起来，大脑高速运转，就会对周围的一切置之不理。不管周围怎么吵闹，也分散不了她的注意力。

有一次，玛丽在做功课，她姐姐和朋友决定捉弄她一番，故意在她面前唱歌、跳舞、做游戏。玛丽就像没看见、没听见一样，始终在专心致志地看书。姐姐和同学想试探她一下，于是悄悄地在玛丽身后像搭积木似的搭起几张凳子，只要她一动，凳子就会倒下来。大家纷纷屏息凝视，等着看玛丽的笑话。时间一分一秒地过去了，玛丽像雕像一般仍然保持着那个姿势，坐在一大堆椅子中间，把头埋在她的世界中，倒是她周围的人已经等得失去了耐心，焦躁得不行。大约过了一个小时，当玛丽合上书，抬头起身时，肩膀撞到了一旁的凳子，哗啦啦，凳子全塌了。

"耶！"在旁边早就等得不耐烦的姐姐们为自己的阴谋得逞而兴奋起来，并迅速摆好要逃跑的架势，以防玛丽找她们算账。可是玛丽并没有生气，也没有吃惊。她只是揉揉肩，看了看那帮兴奋的人们，轻轻地说了三个字："真无聊！"姐姐们顿时目瞪口呆……

玛丽这种严肃、不喜欢开玩笑的个性在孩提时就已经形成，并且伴随了她的一生。弗朗索瓦兹·纪荷在为她所作的传记《居里夫人——寂寞而骄傲的一生》第一部分中这样介绍："居里夫人年轻时便不喜欢别人恶作剧，成年以后仍是这样。她放不开，全无幽默感，任何事情都严肃看待，尤其是对待自己，这样的天性可能不会被别人喜欢，但这常常是支撑她的力量……在大多数女孩子都爱站在镜子前面做白日梦、试扎各种发带的时候，居里夫人却将一头卷发剪短，以表示她对细琐小事的不屑一顾。"

玛丽有个好同学叫卡嘉。卡嘉的母亲对失去母爱的玛丽很同情，经常准备巧克力点心，等着她放学回来时和卡嘉一道吃。

每天早上，玛丽一定会来找卡嘉上学。卡嘉的母亲一见玛丽就

※ 亚历山大二世

说："早啊，玛丽。卡嘉正在穿鞋呢，你稍微等一下吧，我帮你整理头发。"

可怜的玛丽，小小年纪就失去了母爱。虽然有布洛妮亚每天帮她梳理，但是毕竟也还是个小孩，怎么整理得好呢？

卡嘉的母亲一面帮玛丽整理头发，一面想着，眼里不禁闪烁着同情之光。

玛丽的功课总是全班第一，班上许多俄国、德国和犹太血统的同学都对她十分佩服。但是学校教师和管理人员对波兰学生的敌视态度，让玛丽感到切身的痛苦。还好身边有对俄国统治者共同仇恨的好友卡嘉，可以共度这段痛苦的时光。

在上学的路上，她们会路过萨克斯广场。那里竖着一座壮丽的方尖碑，上面刻着几个大字："纪念效忠于皇帝的波兰人。"这是沙皇给那些奴颜婢膝的波兰人的"礼物"。波兰人都很厌恶这个东西，玛丽和卡嘉每次经过它时，都会像其他波兰人一样对雕塑吐一口唾沫。她们还常常谈论学校的教导主任梅耶小姐。这个教导主任总是穿着一双走路时不出声音的软底鞋，以便在学生们说话的时候无声无息地走到他们的身边。玛丽厌恶地说："在老师中像梅耶小姐这样的人还不止一个，这些人哪里是来教书的，完全是来监视我们的！"

不久之后，玛丽因为表现出对俄国统治者的怨恨而遭到了校方的训斥。那是1881年3月的一天，报纸刊登出头号新闻：俄国皇帝亚历山大二世被暗杀。

"万岁！"玛丽和卡嘉快乐地欢呼着，情不自禁地拥抱在一起，在课桌间跳舞。那时，全国上下正被迫为沙皇去世而服丧。

穿着平底鞋的教导主任梅耶小姐突然闯入教室，声嘶力竭地吼道：

"你们快给我停下来！今天是全俄国的悲痛日，伟大的俄国皇帝陛

※居里夫妇与友人

发现放射性——居里夫人

下去世，你们应该感到悲痛！可你们竟在这里跳舞，成何体统！说！这是为什么？"

回到家里，玛丽一下子扑到爸爸怀里哭了起来：

"请原谅，爸爸……"

爸爸慈祥地抚摸着玛丽的后背。他想，玛丽如果出生在其他国家，应该过着愉快的学生生活。可现在……

一天，上地理课时，玛丽看见同学莱欧妮·库妮茨卡眼泪汪汪的，清秀的面孔毫无血色。原来，库妮茨卡的哥哥和同伴策划推翻俄国统治的活动，结果被人告发了，俄国人明天一早就要绞死她的哥哥。玛丽惊呆了，她似乎看到了那个男孩年轻的脸，看见了绞架、刽子手、绞索……

那一晚，她和卡嘉都没去上跳舞课。玛丽、希拉、布洛妮亚、卡嘉和她的姐姐希拉都守在库妮茨卡的屋子里，守在她的身边。其实她们也帮不上什么忙，只能为她分担悲伤。她们流着泪，温柔亲切地照料着痛苦的库妮茨卡，为她擦拭泪水，劝她喝一点热茶……

1883年6月12日，玛丽以第一名的成绩，于克拉克区公立女子高级中学毕业。

在闷热异常的天气里，毕业生按照传统，穿着黑色礼服，胸前佩戴一朵蔷薇；在乐队的演奏下，校歌扬起，毕业典礼开始了。

他们一面唱着校歌，一面回忆在校期间令人喜悦、伤心的往事。

校歌唱毕，开始报告受奖者的名单。玛丽是第一个从校长手中接过奖品、金牌和一本俄文书籍的学生。

接着，师长对毕业生致贺辞；最后，由玛丽代表毕业生致谢辞。

典礼结束了，同学们步出礼堂，三五成群地在校园中漫步。

"玛丽，以后要常写信联络啊！"

"好啊，你也一样噢！"

"有空来找我啊！"

大伙儿边走边聊，离情依依，不知不觉已经走到校门口，于是互道珍重，各奔前程。

玛丽心想，得了最优等金牌，不知爸爸会有多高兴！可惜妈妈不在了，要不然……一想起母亲，玛丽心情就黯淡了下来。可是再想起今早出门时布洛妮亚说的话："玛丽，你一定会得到金牌的。我偷偷地做了一个金牌型的饼，喏，给你吃。"想到这，玛丽的脸上不禁又漾出了笑意。

然而，眼看着成绩不如她的同学马上要到国外去留学，玛丽的情绪又骤然陷入了低潮。

※ 巴　黎

"我也好想去巴黎读书啊，可是连已经毕业的布洛妮亚都不能去，我怎么能去呢？让约瑟夫哥哥读医科大学，爸爸的负担已经够重了……"

想着想着，突然后面传来一阵脚步声，原来是卡嘉。

"玛丽，你怎么不等我，自己先走呢？"

"对不起，卡嘉，我实在是太难过了。"

"怎么回事，得到金牌还难过呀，到底怎么回事？"

"卡嘉，我是为了留学的事而烦恼。班上的同学有的要去巴黎，有的要去斯德哥尔摩，而我……"

"噢，我明白了……"

卡嘉和玛丽并肩而行，有一阵短暂的沉默。卡嘉好似自言自语地说："像希拉、安、希蒙她们都不在前十名，却因为家境富裕而能够去留学，这也难怪玛丽懊恼。她一向好胜，又得了金牌，不知有什么办法可想……"

"卡嘉，这不是我个人的问题，我姐姐也很想去。"

"噢！"

两个人不禁又沉默了下来。走到十字路口时，玛丽握紧卡嘉的手说："卡嘉，我明天到你家去玩好吗？"

"好啊，一定来，我等你。"

说罢，两人就分手了。玛丽一面思索着到巴黎求学的事，一面走在回家的路上。

高中毕业以后

玛丽高中毕业以后，斯科罗特夫斯基开始为女儿的前途发愁了。让玛丽做什么好呢？她还没有满十六岁，而且身体十分单薄，现在就去工作，显然还早了一点儿。让玛丽继续深造，家里又拿不出这笔钱。

斯科罗特夫斯基先生最后决定，在玛丽选择职业之前，先让她到乡下的亲戚家里去住一年。

夏天过去后，玛丽来到了克萨威尔叔叔家。

玛丽住在叔叔克萨威尔先生的家里。叔叔家有

※ 乡村牧场

少女时代

◆ 图 说 名 人 ◆

名人名言

在科学上重要的是研究出来的"东西"，不是研究者"个人"。

——居里夫人

一个牧场，养着五十多匹纯种马。玛丽在这里，在堂兄堂姐们的帮助下，很快学会了骑马。她把长发盘起，戴上漂亮的帽子，穿着婶婶为自己改做的马裤和马靴，左手抓住缰绳，右手拿着小鞭子，神气十足地骑在马背上，俨然一个小骑士。

乡村生活让她感觉十分惬意，正如她给卡嘉的信中所说：

> 我已经不记得有几何和代数这些东西，我把它们全忘光了。生活在美丽的绿色世界里，无论走到哪儿都是鸟语花香，一片绿色田野，空气清新！在这样的环境中，如果精神振作不起来的话，我真有点不正常了。卡嘉，我真想让你也享受一下这里的风光，在我的一生中，说不定这是最美好的时光。没有什么比现在更幸福的了。

她和三个堂姐妹一起，穿着农村姑娘鲜艳的服装，戴着面具，去参加一种叫"库立格"的舞会，那也是在狂欢节举行的一种周游各地的特殊旅行。

她们坐在雪橇上，在黑夜中驶过雪地。小伙子们穿着彩衣，骑着马在车辆左右奔跑，一面欢呼，一面挥舞着火把。玛丽觉得自己简直置身在童话里。

另外一辆雪橇驶到她们面前，上面坐着几位乐师，用小提琴演奏着醉人的波兰民间舞曲克拉科维亚克、马祖卡或华尔兹。雪橇颠簸着，经过结冰的斜坡时滑得令人晕眩，但他们手中的弦从来不会拉错一下。

这支队伍停在一幢房子前，好客的主人在笑声和快乐的喧哗声中走出来，对来客表示欢迎，然后把这一群人引进家里。

乐师们奏起舞曲，青年们欢呼着，在前厅里翩翩起舞。

他们受到热情的款待，接着又去另一位朋友家，之后又访问了第三家和第四家，而主人们也跟着他们的客人一道上路。

太阳升起来了，雪橇还响着铃铛继续驰过积雪覆盖的田野。精神焕发的人们再一次到一户人家做客，然后又向前驶去。

直到第二夜，这队雪橇才在这一地区最大的房子前停住，"真正的舞会"将在这里举行。

小伙子们和姑娘们有说有笑地拥进大厅，乐师们演奏起乐曲。随着小提琴那热烈动人的旋律，十六岁的玛丽迈着轻快的舞步在地板上舞动着，直跳到天亮时鞋底被磨穿。

玛丽写信给卡嘉说：

发现放射性——居里夫人

我们想起什么就干什么；有时夜里睡，有时白天睡；我们跳舞，我们淘气；照我们吵闹的程度，简直应该把我们关进疯人院里……

一年后，玛丽回到华沙。父亲已经日渐衰老，他虽然继续在学校里教课，但家里已不再招收寄宿生。玛丽为了补贴家用，想找个孩子开始教书赚钱。她贴出这样的广告："有文凭的青年女士讲授代数、几何、法语，授课费低廉。"很快就有好多家长跟玛丽联系。

玛丽很幸运地找到了工作，但是钟点费只有半个卢布，这样她不得不多兼几个家教。

无论是大雨倾盆的日子，还是寒风凛冽的严冬，她都必须遵守约定的时间，一家一家地去上课；她几乎跑遍了整个华沙，每天奔波得筋疲力尽。

这对玛丽来说，实在是一件辛苦的工作，可是坚强的她却没有半句怨言。

这段时间，使玛丽最感头疼的不是华沙的广阔，也不是气候的恶劣，而是学生的调皮捣蛋、不用功。玛丽自小学一年级起，始终在班级上保持第一名，因此她对这些顽劣的孩子实在感到无奈。

这些孩子大都缺乏管教，和他们有钱有势的父母一样，视老师如奴仆，一点都不懂得尊重老师。

家长恶劣的态度，也令玛丽不愉快。每当玛丽偶尔迟到几分钟，他们就会冷言冷语地说："我还以为你今天不来了呢！"或者说："等了好久，你一直不来，孩子们都出去玩了。我们请你来教课是要付钱的，希望你以后要准时。"

有时候，玛丽准时来到，学生却不在。家长就说："小孩子嘛，要小孩遵守时间太为难他们了。你再等一下吧，他们马上就会回来的。"

听了这番话，玛丽只好守在没有暖气设备的房间内苦苦等候。但是，这样是会耽误下一个学生上课时间的啊，这怎不令玛丽心焦呢？不仅如此，那些家长好像存心整人似的，总是不如期付薪，使得玛丽经常捉襟见肘，真是欲哭无泪。

这实在是一件必须具备相当体力和耐力才能胜任的工作。从小在不幸的际遇中不断接受磨练，并且在涵养甚高的父亲管教之下，玛丽是够坚强的了，这种事根本难不倒她。

在这个时期，玛丽除了从事私人授课的工作，还过着一种激动人心的秘密生活。

由于长期的民族压迫，当时

※ 华沙威拉诺宫

学习知识。

玛丽和两个姐姐一起参加了"流动大学"。这个组织有定期的聚会，有一些教师为他们秘密讲授解剖学、社会学等学科。他们聚在一起讨论学到的东西，传阅科技小册子和论文。这样，一方面增加了青年们的知识，另一方面培养了他们对祖国的信心。

四十年后，居里夫人回忆这段时光时说："这种活动的方式其实并不高明，所得的效果也很有限，但我仍然相信，当时我们确立的观念是唯一能促进波兰社会真正进步的。我们不能指望不使个人进步，就可以建设一个比较好的世界。为了这个目的，我们每个人必须努力设法让自己达到尽善尽美的程度。同时我们还接受了作为社会成员的特殊义务——看我们的力量对于哪些人最有用，就去帮助哪些人。"

流动大学的任务，不只是加强像玛丽这样中学文化程度的青年的教育，还担负着传播知识的责任。玛丽就承担了为一家缝纫厂女工读书的工作。她一本本地搜集波兰文的书籍，办了一个小型图书馆，供女工们学习。

流动大学这种特殊的生活，使玛丽感到了自己应该担负的责任更加重大了。

的一些波兰青年在做人生规划的时候，为祖国服务的愿望总在个人的抱负之上。同时，他们认为艺术对救国的帮助不大，所以他们崇拜科学家，把化学、生物学列在文学等艺术学科之上。他们认为，侵略者千方百计想使波兰人变得愚昧，他们就必须发展文化教育，来反抗沙俄的压迫。于是，他们创办了秘密学校"流动大学"，组织青年学生

发现放射性——居里夫人

资助姐姐留学

这段时期，玛丽发现姐姐布洛妮亚十分苦闷。原来，布洛妮亚高中毕业后，一直在家料理家务。她最大的愿望是到巴黎学医，然后回到波兰开家乡间诊所。可留学国外的费用太高了，以现在的收入怎么可能呢？

玛丽虽然是家里最小的女儿，但看到姐姐有心事，她觉得自己有责任帮助姐姐。在兄弟姐妹当中，她俩最为要好。她们都嗜书如命、成绩优异，

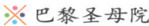
※ 巴黎圣母院

并且毕业于同一所公立高等女子学校。她们都渴望能够继续深造,但是,当时华沙并无女子大学,想求学的人都必须到俄国、瑞典或法国去,当然,没有钱的人家是负担不起异国的学费和生活费的。

布洛妮亚和玛丽的同学中,有许多人早已经去留学了。在外国的大学中,法国首都巴黎的学府是最令人向往的。但是到那里读书,要花费一笔为数不少的钱。

日子虽然艰苦,但仍然像箭一般地飞驰着,玛丽和布洛妮亚攒钱升学的理想并没有实现。布洛妮亚已经二十岁了,再这样下去,她会失去到巴黎留学的机会的。为了姐姐的前途,经过再三考虑,有一天晚上,玛丽终于找布洛妮亚长谈了。

"姐姐,我有件事想和你商量一下。"

"什么事呀?玛丽。"

"是关于你留学的事。我们拼命工作,却没存几个钱,再这样下去,年纪大了,是会失去留学机会的,所以你必须赶紧到巴黎去读书。你估计一下,以你个人目前所有的钱,大概可以维持多久?"

"以我的存款来说,扣除华沙到巴黎的旅费,大约还可维持一年。"

"你想读医学院,对吗?读医学院需要五年,那么就只要再筹措四年的学费就可以了。"

布洛妮亚以疑惑不解的眼神凝望着玛丽。

"你赶快到巴黎参加秋季入学考试。下一年的学费,我一定会寄给你。"

"你胡说些什么呀?玛丽!"布洛妮亚简直被搅糊涂了。

"姐姐,我并没有胡说呀!我是觉得如果咱们俩都要去留学,最好不要仅靠个人努力,应该彼此轮流帮助。你先读书,由我为你筹措学费;五年后,等你毕业,当了医生,那时再由你来帮助我,怎么样?这个办法不错吧?你现在就去,还赶得上呢!"

※ 硬币卢布

发现放射性——居里夫人

说着说着，不知何时，姐妹俩已紧紧地拥抱在一起，姐姐激动万分。

"谢谢你，玛丽。"

对于妹妹这番恳挚的话，布洛妮亚非常感动，她抱住了玛丽，泪水夺眶而出。

"玛丽，你的好意我心领了。你想想看，你赚的钱补贴家用都不够，若是全部都寄给我，家里怎么办呢？"

"姐姐，这事你不用担心，我早就和爸爸商量过了……我不再像以前那样到处兼家教；现在我打算住在别人家里，这样不仅不愁食宿问题，可省下许多开支，而且一年还能领到400卢布。前些日子我到职业介绍所去，运气很好，找到了一个很合适的工作。姐姐，你看。"玛丽从一本书中抽出一张纸，递给布洛妮亚。这是职业介绍所的通知单。

玛丽接着又说："收到通知单，我立刻就去拜访布朗夫人，可是我觉得……"

"觉得怎么样？"

"……我觉得很失望。她就像小说里描绘的暴发户一样，蛮横无理。我觉得自己并不适合待在那种环境里，但是想了一下，反正以前我所到过的人家也是那种态度，所以对他们的不讲理，我早就习以为常了，应当还可以忍受。只是，那样就不能再和爸爸、姐姐们住在一起了，会比较寂寞些……但是我这样做，可以为你筹措学费呀，姐姐，你还是早一点到巴黎去吧！"

布洛妮亚情不自禁地握紧玛丽的手，说道："啊！玛丽，我可爱的妹妹，为了我，你竟肯这样牺牲你自己。"

深受感动的布洛妮亚，眼角闪烁的晶莹泪光，轻轻地滴落在玛丽金色的秀发上。

"玛丽，谢谢你，还是把那份工作让给我吧！你先去巴黎读书好吗？在我们兄弟姊妹当中，你最聪明，成绩也最优秀，去吧，这样子爸爸和已经过世的妈妈都会感到高兴的。"

玛丽仰起头，凝视着布洛妮亚："你说什么呀？姐姐，我才十六岁，而你却已经二十岁。还是你先去，等你毕了业，当了医生，那时你再供应我读书好了。何况，我已经答应布朗夫人后天就去上班呢！"

既然玛丽心意已决，布洛妮亚也只有听她的话，打点行装，前往她心目中向往已久的巴黎。

于是，这对感情深挚的姐妹分离了。布洛妮亚到巴黎大学文理学院就读，玛丽到布朗律师家任教。可是，玛丽在布朗家的生活实在是太痛苦了，这点从她的日记中就可以看得出来：

> 我过的日子就像囚犯一般。即使对一个具有血海深仇的大敌，我们也不会让她住在连地狱都不如的地方，布朗夫人待我真是太苛刻了。
>
> 布朗家完全一副暴发户的作风，斤斤计较于灯油等日用品，在物质享受上却挥金如土；家里用了五个像奴隶般的仆人，却又标榜自己是个人道主义者。他们的修养实在够不上任何水准，还经常说人是非、道人长短。
>
> 我住进了这个家庭，才了解人究竟是怎样的动物。可悲，这是我来此的唯一收获。

对年轻的玛丽来说，这个家庭使她觉得一切希望全都归于幻灭。更糟的是，对方连薪水也没有如约支付。

虽然是免费提供食宿，但是日常用品却必须自掏腰包，往往一个月下来薪水已经所剩无几了。

这样下去，布洛妮亚的学费怎么办？贴补家用的钱从哪里来？每天晚上，玛丽经常为这些问题辗转反侧，不能成眠。

巧的是，就在这时，玛丽的一个朋友出现了，她告诉玛丽，距华沙北方一百千米处，有一个叫斯邱基的小村，那里有一位公爵的土地管理人，打算请个家庭教师，年薪500卢布。

玛丽虽然跃跃欲试，可是又想起到斯邱基那么遥远的地方去，不知何时才能和家人见面，那将是多么寂寞的生活呀！可转念一想，待在斯邱基那种穷乡僻壤也有好处，可以省下不少钱，并且远离城市的喧嚣。生活在森林、田园环绕的大自然中，不但能使心情开朗，还能趁机多读一点书，何况年薪也多了100卢布，可以寄更多钱给布洛妮亚；再说，这也是离开布朗家的绝好机会。于是，她和居住了十六年的故乡华沙挥别了。

这是她有生以来首次远离家门，今后若想看看家人、享享天伦之乐，都比较难了。因为，从华沙到斯邱基总共要搭乘三个小时的火车，再转坐四个小时的雪橇。

坐在车厢内的玛丽的孤寂之情油然而生。她不断地想着："如果新主人也和布朗先生一样怎么办？父亲万一生病了怎么办？啊！我应该找一个距家近一点的工作才对。"

想着想着，玛丽把脸颊紧贴在夜车冰冷的玻璃窗上，一边擦拭着不断涌出的泪水，玻璃窗模糊了……

发现放射性——居里夫人

忙碌的家庭教师

不久，夜车抵达了寒冷的乡间火车站。玛丽和两三个乘客步出了车站，然后坐上雪橇，穿过森林，越过草原，进入了人烟稀少的小路。

周围一片空旷，两个小时的路程仿佛已经走了五个小时，玛丽不禁有点瑟缩、害怕。最后终于抵达了斯邱基村的兹希洛夫家。此时，又冷又饿、疲惫不堪的玛丽，半晌也说不出话来。

她被引进了室内，房子远比她想象的好。主人个子高高的，夫人气色似乎欠佳，旁边围绕着几个

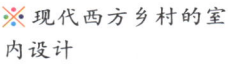
※现代西方乡村的室内设计

甜菜园

孩子,他们正睁着好奇的眼睛望着玛丽。

夫人端出一杯热茶,亲切地与她寒暄,玛丽不禁热泪盈眶。

那晚,当被带进二楼的客房时,玛丽累得来不及更衣就沉沉入睡了。

第二天清晨醒来,精神总算好多了。玛丽披上衬衣,打开窗帘往南面的窗外探首一望,不禁惊呼:窗外的景色真是太出乎玛丽的意料了。

从窗户往外眺望,正前方有一座大工厂,高耸入云的烟囱,正喷冒着浓浊的黑烟污染着周遭的一切。悠闲雅致的田园风光呢?牛羊吃草嬉逐的牧场呢?森林远方依稀可见的教堂尖塔呢?玛丽的憧憬刹那间化为泡影。此地,不就和华沙的工厂街景一模一样吗?玛丽深深地叹了一口气。

布洛克县的斯邱基村,没有森林也没有牧场,只有一大片一望无垠的甜菜园。这是一个制糖的小村庄,秋天一到,农民们就忙着收割甜菜,然后用牛车运到糖厂加工。糖厂是用红砖砌成的,和乡间景色毫不相称;那原本应该清澈见底的

发现放射性——居里夫人

淙淙流水,也显得污浊不堪。

兹希洛夫拥有两百亩甜菜园,也是该厂的大股东。前一夜,在黑暗中乍看他家,好像还不错,早晨一看,才知道只是一座临时搭建的双层陋屋,有点类似古老陈旧的别墅,但是,和散列在周遭的农家相比,已相当不错了。他称得上是斯邱基村的富有人家,房屋周围还有绿色的草坪和花园呢!

"昨夜睡得好吗?"进餐时,兹希洛夫夫人和蔼地问道。

她家一共有七个儿女。三个男孩在华沙求学,一个六个月大的婴儿被女管家抱在怀里,三岁的男孩史达斯正是调皮的时候,十岁的安吉是个乖巧的小男生,另外一个女孩波兰卡和玛丽同年。

他们并不是个很有教养的家庭,但比起布朗律师家好多了。主人体面而讨人喜欢,夫人心地善良而亲切,玛丽终于放下了原本忐忑不安的心。

玛丽每天总计要上七小时的课——安吉四小时,波兰卡三小时。她除了教课之外,也自修三个小时。

安吉是个健忘的孩子,这颇令玛丽头疼,幸亏他还算乖巧,和玛丽也蛮投缘的。

波兰卡实力不错,虽然年纪和玛丽一样,却很尊敬玛丽。下课后,她经常带着玛丽到村里散步,彼此就像同窗挚友一般。这一点,滋润了玛丽寂寞的心灵。

史达斯活泼可爱,当女管家提到"神无所不在"时,他会睁大眼睛,神情紧张地问:"神会不会抓我、咬我呢?"看他那副认真的模样,实在令人忍不住发笑。

可是,当玛丽逐渐习惯这个家庭之后,发现也不尽如人意。此时,她突然想起父亲的话了。

……玛丽啊,世界上没有十全十美的家庭。你要能适应任何环境,不断地忍耐、学习,才能发现真理。

于是,玛丽终于忘却不满,决定在这里待下去了。

寂寞的时候,她就提笔写信给父亲、兄姐、同学、亲戚。他们的回信,对孤寂的玛丽来说,是最大的安慰和鼓励。

在这些亲戚朋友之中,玛丽和堂兄弟安里艾特最为投机,她对他几乎从不隐瞒什么。她曾经写了一封这样的信给安里艾特:

亲爱的安里艾特:
   我对这份工作已经适应了。

※ 居里夫人

可是，每天上完七小时的课后，已疲惫万分，连自己的事都无法做好，实在很遗憾。兹布洛夫家经常有客人投宿，破坏了有规律的生活，这一点令我深感懊恼。

每当有客人来时，小安吉就借机偷懒、赖床，每次都要我去打他的小屁股才肯起来。我好像是个兼女管家、母亲、老师职责于一身的人呢!

村里的人经常相聚饮酒作乐、跳舞狂欢，所以每个女孩舞艺都很精湛，但也相对地失去了乡下女孩纯朴、可爱的一面；村里的人似乎从来不读书，也不懂得思考和讨论。

兹布洛夫颇为守旧，但在村中，他称得上是个比较有涵养的人，我对他颇具好感。

不管如何忙碌，我在星期日一定上教堂，绝不以头疼、感冒等借口与神疏远。

平常我不太和村里的人谈话。如果和他们谈起子女教育的问题，会被视为好出风头。村里的人十分缺乏知识教育，我常向工厂里的技师借阅杂志，但仍然觉得无法满足。

我目前最迫切的希望是：能够和朋友交换新知识，不管一天一次或一星期一次都好。

就先谈到这。

玛丽

此时，玛丽的物质生活已经安定了，但是由于求知的狂热无法获得满足，她觉得宛如离群独居般的孤单。

生活就像一条潺潺溪流，虽然平静地流着，流到瀑布处，却会激起一股莫大的力量。在玛丽平淡无奇的生活里，终于也掀起了一阵狂浪。

发现放射性——居里夫人

知识链接

普鲁士

普鲁士是欧洲历史地名，位于德意志北部，一般指17世纪至19世纪间的普鲁士王国。普鲁士是德意志境内最强大的邦国。普鲁士19世纪通过三次王朝战争统一了德意志，1871年在普法战争中击败了法国，威廉一世在凡尔赛宫加冕成为德意志帝国皇帝。普鲁士是一个强大的军事帝国，在短短二百年内崛起并统一德国，建立了德意志第二帝国。所以普鲁士有时也是德国近代精神、文化的代名词，同时也是德国专制主义与军国主义的来源。

有一天，玛丽在村里漫步，突然发现一群衣衫褴褛、头发蓬乱的孩子四处游荡着。他们都是学龄儿童，却没有一个曾上过学。

"小朋友，你们整天都这样玩，不去学校念书吗？"

"学校？我们都没上过学。"

"那么，你们是在家里读书喽？"

"读书？读什么书？"

"你们会不会写字？"

"写字？不会写字有什么关系？"

他们以毫不在乎的口气回答玛丽的问话。

玛丽觉得很难过，一回到家，便赶紧把这件事告诉波兰卡。

波兰卡说，此地的农家子弟从不上小学，也不请家庭教师，不会写字的成人也不少。村里的人不识字，自然不会阅读报纸杂志，对祖国波兰的命运当然一无所知。他们只知像牛马般地辛勤工作，在工作之余则聚在一起酗酒滋事。

这番话，令玛丽更加惊讶、伤心，她不禁对祖国波兰的前途焦虑起来。

波兰的处境，村里的人竟然一点都不知道，难道他们不是我的同胞吗？像这样下去，波兰怎么可能挣脱俄国、德国、奥地利的魔掌而独立呢？

先知先觉的波兰英雄们，为了砍断系住波兰的锁链而参加独立运动，其结果不是被送到冰天雪地的西伯利亚，就是把正义的热血喷洒在断头台上。但是，大部分的同胞，竟然不明了这个真相。玛丽不禁为祖国波兰悲惨的命运而落泪！

欧洲国家当中，最不幸的就是波兰。

1772年，俄国、奥国、普鲁士首度联手瓜分波兰；1793年波兰遭遇第二次瓜分；到了1795年又第三次被瓜分。波兰这个国家从世界版图上消失了，波兰人民也从此承受了没有祖国的悲哀命运。

尤其是华沙，这个受制于俄国的波兰首府，由一个残酷不仁的总督治理，人民的遭遇是笔墨难以形容的。学校里禁止教授波兰语，也不准以波兰语授课。凡是违反禁令的人，就被发送到遥远而寒冷的西伯利亚，有生之年都无法再回祖国来。此外，波兰的书籍全数被焚毁，波兰的报纸也禁止刊行。

虽然国运如此，爱国的人士却热血沸腾，内心深刻地烙印着"祖国独立"的坚定信念。

为了重建祖国，人人必须努力充实自己；像斯邱基村里这些目不识丁的农民，怎不令玛丽痛心呢？

思索数日之后，玛丽终于向波兰卡吐露了心中的计划。波兰卡一听，惊骇不已，直愣愣地望着玛丽。

原来，玛丽希望波兰卡帮助她，两人利用课余，做这群顽童的老师，教他们拼读波兰字母。只要他们识字，自然就会阅读书报而关心国事了。虽然是一件微乎其微的小事，但它的影响力必定会逐渐扩大；无疑，这是一项意义深远的工作。

教波兰语是犯法的，万一风声走漏，该如何是好？也难怪波兰卡惊恐了。

"波兰卡，为了以防万一，我们也教俄文。"

"好啊，这是个好主意。不过，不必教太多俄文，只是拿它做幌子就好。"

波兰卡表示同意。当天晚上，她们把这项计划告诉了兹希洛夫夫妇，他们感到很惊讶，但还是同意了。

第二天她们就立刻着手准备。她们分别到工厂、甜菜园说服工人和农人，好不容易才招收了十来个学生。

她们把二楼的一个房间腾出来当作教室，里面摆了一列长板凳和长桌子。此外，玛丽还自掏腰包，为他们买笔记本、铅笔；因为如果要家长花钱，他们就不来了。

上课的第一天，玛丽就感觉到这是一件相当吃力的工作。上课时间一到，孩子们就从房子后面的梯子喧嚷而上，半数以上光着脚，身上满是泥巴，到教室后，你推我打，乱成一团；黏着污垢、泥土的衣服，散发出阵阵令人作呕的怪味。有的孩子坐在椅子上晃来荡去，有的说说笑笑，有的敲打邻座同学的头，还有的拖着两条长长的鼻涕。似乎自他们呱呱坠地之后，父母就任其自然地成长，全不加以管教。看到这一幕，自小接受父母

发现放射性——居里夫人

良好教养的玛丽真是感慨万千。

像这种小孩,能教得好吗?玛丽也不禁担心起来。

他们不懂礼貌,不遵守教室秩序,记性也不好。对于生平未曾见过的字,也不懂得怎么去记,怎样去了解其意义。

"他们是咱们的波兰子弟吗?"玛丽不禁暗自神伤。

但是,玛丽并不因此而气馁。她依然谆谆告诫、循循善诱,还利用生物标本来加强学生对知识的直观了解,波兰卡也热心地协助她。

终于,努力有了回报。脏兮兮的小孩,竟然能写、能读,还会拼自己的名字了。同时,孩子们的态度也逐渐转变了。

在孩子们的心目中,玛丽是全村最伟大的人,她无所不知,不但亲切地教导他们,还会说一些有趣的故事。

"波兰的子弟,并不全都是低能儿童!"看着他们学业日渐进步,玛丽和波兰卡不禁四目相视,露出喜悦的微笑。

孩子们认字之后,也开始学做算术,教室成为他们的乐园。不久之后,这件事就传遍了整个村落。有些家长会跑来看看孩子们上课的情形,然后满心感动地离开。

后来,学生人数逐渐增加,狭窄的教室不够使用,就只好实行两班制。因此,玛丽无论是精神上还是物质上的负担都增加了。

玛丽又写信给安里艾特。

亲爱的安里艾特:

暑假时我还将留在斯邱基村,因为我连一分钱也舍不得花。我现在除了教安吉和波兰卡做功课外,兹希洛夫的儿子——那个在华沙念书的朱立克也回来了,我还得督促他读书。此外,我还义务教十八个村里的小孩读书识字,每天两小时,星期三、六还一直教到傍晚,实在很辛苦。最近,他们都很用功,看到他们成绩进步,是我最大的安慰。

一天的工作告一段落之后,回到房中,身心俱疲;可是,从那时开始,才是我最重要的读书时间啊!

每天,我都忙得不可开交,我的全副精神都耗费在这些孩子身上了。一想起以前的同学们此刻正在巴黎、柏林、斯德哥尔摩的大学里攻读物理、数学、社会学时,我的心情实在难以愉悦!

再谈吧。

玛丽

初恋的地方

※爱神丘比特

转眼间,玛丽已经十九岁,是个大姑娘了。她美丽高贵,曾经卷卷的短头发长成了一头迷人的金发,深邃的目光像镶嵌在脸上的两颗宝石,楚楚动人,身材也越发高挑,有了成熟女性的曲线,总之她已经完全摆脱了孩子的稚气,举手投足间散发出迷人高雅的气息。玛丽自己不知道,爱神丘比特已经悄悄飞到了她的身边,拉开弓箭,开始为这个美丽的姑娘寻找一个白马王子。

这一年的暑假,兹希洛夫的长子朱立克从华沙回到斯邱基度假。他惊讶地发现家里多了一位美丽的姑娘。这个姑娘多么高贵,举止娴雅又充满活力,谈吐不凡,见识广泛,丝毫不像那些乡下姑娘那么粗俗——朱立克简直一刻也不能将眼睛从玛丽身上移开。

这是一个奇妙而浪漫的暑假。朱立克和玛丽两个人从最初羞答答地相识到后来心有灵犀地交谈,从在花园一起朗诵诗歌到在碧波荡漾的湖心中划船,从一起在家里做功课到去阳光明媚的野外骑马驰骋,两个人的接触越来越多,关系也越来越亲密,在彼此的眼睛中已经看不到别人的影子了。不久,两个人正式确定了恋爱关系,不顾一切地沐浴在爱河中不能自拔了。

两个年轻人天真地认为,只要有了爱情,就

发现放射性——居里夫人

可以无忧无虑地在一起厮守,直到天荒地老,但是他们错了。当朱立克充满自信地把自己心爱的人推到父母面前时,有着根深蒂固的传统观念的兹希洛夫立刻对这门婚事表示了强烈的反对——他们高贵的家族血统决不接受一个身份卑微的家庭教师做儿媳妇。两个人绝无在一起的可能!

生性懦弱的朱立克害怕了,退缩了,面对这个曾经发誓要厮守在一起的姑娘,他只能挥泪说再见。玛丽的第一次恋爱,犹如暴风雨摧残下的小花,很快夭折了。

初恋的失败使得她非常痛苦,伤心至极。这个好胜坚强的姑娘,在远离亲人的异乡孤苦无助。她在给表姐的信中说:

"……你要问我的前途计划,我现在可以告诉你,我已经没有了计划,或者不如说,我的计划太普通,也太简单,不值得说。或者说我过去的计划是空想,是梦境,是没有希望达到的。我只能得过且过,到了实在过不下去的时候,就向尘世告别。这损失想必很小,而人们惋惜我的时间也一定很短,和惋惜别人的一样短。"

※ 少女玛丽(左)和她的姐姐

向来乐观坚强的玛丽在爱情的打击面前变得消沉起来。她感到痛苦和耻辱,却只能保持冷淡和沉默。贫穷使她不能离开这个伤心之地,为了每年那500卢布,为了免费的住所和食物,她必须忍气吞声。

尽管肉体和精神都在忍受着折磨,生性好强的玛丽没有被这一切打倒,她天性中的好强支撑着她在乡下度过了一个个难挨的日子。在她给表姐亨利埃特的一封信中,她这样写道:

我不知道你再见到我的时候,你会认为我在这里度过的几年对我是好还是坏。所有的人都说,我变化很大,不论是身体方面还是精神方面。这是很自然的。我来这里时才十八岁,而这几年我什么没有遇到过?这段时期可算我一生最残酷的时期,我对每一件事情的感受都太强烈了。

我竭尽全力来应付一切,我天性中的勇气占了上风,我有一种从噩梦中醒过来的感觉……我有一个重要原则:不管对人还是对事,都决不屈服!

※ 居里夫妇带着孩子散步

发现放射性——**居里夫人**

返回华沙的家

度过令人伤感的少女时代的玛丽，深深觉得追寻知识的可贵，她之所以能在斯邱基村奉献心力给那群孩子，也是有原因的。

在单调而辛苦的工作中，玛丽经常抽空写信给卡嘉。

※ 或许当家庭教师时候的玛丽不曾想到日后自己能成长为世界闻名的科学家，并两度获得诺贝尔奖

亲爱的卡嘉：

知道你订婚了，真为你高兴。

许久不见，想必一切安好吧？当我深感孤寂时，经常想起你，也很想见见你。

斯邱基村的生活，以"忧郁"一词就可道尽了。最近，每天不是刮着强风，就是下着骤雨，有时风雨交加、河水暴涨，使马路变得泥泞不堪，想必那冰雪的寒冬马上就要来临了。

卡嘉，记得吗？我们毕业已经有五年了，我却还困在这里。我留学的梦想，不知何时才能实现。

布洛妮亚在巴黎医学院攻读，再有两年才能毕业；而我，常年寄人篱下，尝尽了痛苦和辛酸，但我也比以前更坚强了。无论遇到何种困境，绝对不屈服——这已成了我的处世原则。

在忙碌的生活中，我牺牲了睡眠，为自己的前程而努力读书。你知道吗，每天清晨8点至晚上9点，我完全没有属于自己的时间，所以只好6点钟就起床念自己的书。碰上严冬，脚趾都快冻裂了，其中的艰苦，有谁知道呢？

目前，我工作上最大的困扰就是不知如何对付安吉这个孩子。他注意力不集中，记忆力也欠佳，教他做功课，就像在沙地上盖楼阁似的，刚学会一样东西，又忘了一样。日子一天天地过去，他却毫无进步。有时，我真觉得自己这么努力，实在是傻瓜。好在村里的孩子都很用功（虽然他们比不上城里的孩子），只要他们稍有进步，就令我感到很安慰了。

卡嘉，告诉你一个好消息。明年5月，安吉就小学毕业了，我和兹布洛夫订的三年契约也在那时候到期，到时候，我们又可在华沙见面了。

最后，请代向伯母问好。忆起那段经常吃她做的巧克力点心的时光，仿佛还是昨天的事一般。

卡嘉，有这么慈祥的妈妈，你真幸福啊！

玛丽

那时，玛丽每个月都要寄15—20卢布给布洛妮亚，这已占了她约半数的薪水。这笔钱布洛妮亚当然不够用，所以，她的父亲也经常从微薄的薪水中寄一些给她。

玛丽的父亲由于自感薪水不多，让小女儿吃了这么多苦头，所以深觉歉疚，每次写信给玛丽时总会提起这些事，因此玛丽一接到父亲的信，就迫不及待地回信。

发现放射性——居里夫人

亲爱的爸爸：

您千万不要为了无力让我们升学而自责。

从小，我们不知承受了您多少教诲和养育。我现在所做的这点小事，根本难以回报您的恩情。

由于您的苦心养育、教导，我们才有机会接受良好的教育，并具备高尚的教养，堂堂正正地立足于天地之间；对于您和已过世的母亲的爱，我们兄弟姐妹将永铭心中。

爸爸，我为布洛妮亚汇点钱实在不算什么。唯一感到遗憾的是，到今天还不能报答您的大恩。我们兄弟姐妹，日日都向神祈祷，保佑您不要再为我们操心，能够早享清福。

女儿玛丽敬笔

玛丽在斯邱基村，夜以继日地工作着。她不但要寄钱给姐姐，安慰父亲，还得教村里的贫童念书。这已是一般人所难以胜任的工作了，但是，上天似乎还要进一步增加对她的磨练，激励她的心志。

原来，约瑟夫已从医学院毕业了。他打算在华沙开家医院，但由于缺少资金，只好先在乡间开一个小诊所。

为了替哥哥打气，玛丽在凌晨2点钟，当自己的功课做完之后，就在冰冷的房内伏案疾书，鼓励哥哥继续进入研究所进修。

不久，玛丽的父亲也为了自己那些可爱的儿女而放弃了中学教师的工作。

他想担任离华沙不远的里尼斯感化院院长之职，这份工作虽然比较辛苦，但是薪水高了些。

1888年4月，他终于正式上任了。

此后，他每个月汇40卢布给布

知识链接

感化院

感化院，也称少年感化院、少年教养所、少年拘留所，因为地域的不同，名称也不同，我国称为少年管教所。感化院是很多国家犯罪或违反法律的未成年服刑或接受强制管教辅导的场所。感化院对品行不良和犯罪的少年实施矫正教育，主要是对被收容者施以职业训练和思想矫正，通过说服、讲解去纠正被收容者思想和行为的错误，从而达到感化目的。

洛妮亚，玛丽因此可以不用再寄钱给姐姐了。

这时，玛丽和兹希洛夫订的契约期限也快到了，她心里想着，只要这边的工作一结束，就可以回去和家人团聚，可是，意想不到的事发生了。

当玛丽接到父亲告知业已转职的来信之后数天，一位贵妇人前来拜访玛丽。

"夫人，您找我有何贵干？"

"我希望你在这边工作结束后，能到我家来担任我女儿的家庭教师，为期一年，好吗？"

这位夫人是华沙一位富有工业家的妻子。她千里迢迢地来到斯邱基村，一见玛丽的面就感到很投缘。

玛丽有点犹豫。虽然她很想回到父亲身边，然而，一年500卢布的薪水对玛丽来说，是一笔充满诱惑力的款项，将有助于她到巴黎去留学。

玛丽终于答应了这份工作。1889年5月，她永远地离开了斯邱基村。

回想三年前，一个下雪的夜里，她孑然一身来到这个小村庄之后度过的令人难忘的时光，玛丽感慨不已。离开时，波兰卡、安吉和村里的孩子们全都依依不舍地向玛丽挥别。

别了，斯邱基村！别了，美丽的甜菜园！在5月微风的吹拂之下，她朝着来时的方向归去。

终于，她回到了华沙。街景依旧，好像在欢迎她返家似的。

约瑟夫早已听从玛丽的劝告，继续到研究所潜读医学，希拉和他同住，正拜师学习钢琴。而且希拉已经订婚了，她的眉宇之间洋溢着喜悦和满足。

三年不见，久别重逢的喜悦围绕着他们。玛丽一心记挂着父亲，于是第二天就到感化院去了。

当她踏入院长室时，突然顿住了脚步。三年不见的父亲，已经苍老了许多，胡子、头发、两鬓皆霜，额头也增添了深深的皱纹，两眼已不再炯炯有神……

"爸爸！"

"啊，玛丽！你回来了，真好！快坐下来吧！"

父亲牵着玛丽的手，坐在安乐椅上。

"爸爸，您身体看起来不太好，怎么回事啊？"

"没事啊，你别担心。昨天晚上睡晚了些，有点睡眠不足，不碍事的。"

玛丽知道这是谎言，父亲面容憔悴，岂止是睡眠不足所引起的。

"在斯邱基村待了三年，你一定很辛苦了。布洛妮亚很感激你，我也要谢谢你。从现在开始，布洛

发现放射性——居里夫人

妮亚的学费、生活费由我负责,你不要再操心了。"

"爸爸,不要说这些,倒是您令我不放心。这里的工作太辛苦了,不要累坏了身子啊!寄钱给姐姐的事,还是由我来想办法吧,我看,您还是辞去这份工作算了。"

"说哪里话,这里的工作并不辛苦。我认为帮助这些不幸的小孩,比站在讲台上教书更有意义,你应该为自己的前途打算才对。"

父亲的话并不能消除玛丽心中的不安,她觉得,感化院的工作对父亲来说,实在是沉重的负荷。

家庭情况及布洛妮亚的学费,这些都是迫使父亲无法退休的原因,玛丽一想到这些就难过万分。

终于,和父亲相处的一天过去了,玛丽又来到华沙新主人的家。

在弗鲁卡斯家这一年,可以说是玛丽一生当中最快乐的时光。

弗鲁卡斯是个富裕的工业家,斯邱基村的兹希洛夫当然无法和他相提并论,他家的生活相当奢华。

但是,他们还算是相当有教

※ 华沙圣十字教堂

※玛丽在海边小镇度过了一个愉快的夏天

养的人。弗鲁卡斯夫人经常在社交界走动，时常带玛丽参加舞会或茶会，好像以拥有一位教养如此良好的家庭教师为荣似的。

玛丽对这种活动，虽不热衷，但也不讨厌。

最出乎玛丽意料的是自己竟和他们全家在海滨的一个小镇里度过了两个月的暑假，住的都是一流的旅馆，这件事使玛丽雀跃万分。

总之，在这一年里，她除了担心父亲的健康之外，可以说一直过得幸福而满足。

1890年秋天，玛丽和弗鲁卡斯的契约已满，于是返回华沙家中。

回来之后，玛丽立刻和兄姐商量妥当，让父亲重返中学教书。于是一家人又团聚了。想到日后全家又能朝夕相处，共享天伦，兴奋之情实在难以言喻。

玛丽又在华沙城内兼了几个家教，每天从早晨9点忙到黄昏。

夕阳西下时，玛丽做完了一天的工作。她一面漫步在薄暮时分的街道上，一面忆起毕业迄今的往事。

"我已经毕业八年了，却还没达成留学的愿望，不知何时才能到巴黎去！"想起这些，玛丽不禁又思潮澎湃，不得安宁了。

图说名人

发现放射性——居里夫人

留学前的实验

几天之后,一个星期日早上,一个出人意料的喜讯从天而降。

这段时间内,为了能让小女儿拥有良好的科学实践能力,斯科罗特夫斯基介绍玛丽去自己的表兄,也就是玛丽的表叔约瑟夫·柏古斯基负责的实验室"工农业博物馆"去学习。

"工农业博物馆"其实是一座实验室,因为俄国人不允许波兰人拥有自己的实验室,但是不反对建博物馆,为了掩人耳目,才取了这个名字。约瑟

※ 就是这些化学仪器陪伴了玛丽的青春岁月

夫·柏古斯基是一位波兰科学家，也是一位爱国者。为了本国的科学事业，他一直鼓励年轻人多多学习科学文化知识。每到周末或者晚上，很多青年就来这所实验室进行科学实验。

第一次走进真正的实验室，玛丽非常兴奋。尽管她对这里的仪器并不感到陌生——父亲是她最早的老师，在父亲的书房中她也接触过这些实验器材，但是当用这些仪器亲自进行实验时，她还是感觉到了兴奋和紧张。书本上的知识再多，也是纸上谈兵，只有经过实验的检验，才能真正地将它们掌握。在这所"工农业博物馆"实验室里，玛丽初步掌握了实验的要领，领会了实验的无穷魅力。很多年以后，玛丽还回忆说，她在实验方面的爱好和兴趣，就是从"工农业博物馆"开始的。

"明天你就来上班吧。"柏古斯基以期待的口吻说着。至于玛丽，她早被这个好消息震撼得几乎置身梦境了。

实验室离家很远。可对玛丽而言，距离远并不成问题；问题在于她必须在家教工作完毕之后才能到实验室去，那时天色都已暗了。

傍晚时分，研究所内的职员和研究生都走光了，只有玛丽一人开始着手做实验。

柏古斯基暗地里认为，这么辛苦的工作，玛丽不可能做得很久。但是，坚强的玛丽却从来没说过一句抱怨的话，无论刮风下雪，从不缺席，她对实验的热衷就好像着了魔似的。

最初，她的实验做得并不顺利，只能仰赖课本，又没有人指导，成绩只能说勉强合格。

后来，她渐渐地适应了。每当实验成功时，她的雀跃之情是笔墨所难以描述的。那种兴奋，足以使她的疲劳一扫而空。

每当实验完毕，收好器材，脱下工作服，将实验室上锁后，已是深夜时分了。她独自从华沙郊外步上归途，此刻，家人早已酣然入梦了。

到家后，玛丽换上睡袍，在长椅上躺下来，伸个懒腰，还是了无睡意。化学实验使她有股进入未知世界般的兴奋，这使她的眼睛更清澄，头脑更清醒了。

她又想着第二天要做的实验，往往时钟都已敲了两下，她还兀自醒着呢。

这种非凡的行径是常人难以理解的，只有领悟到真理的人，才能体会那种喜悦和兴奋。这也是令人想要更上一层楼的一种动力。

在博物馆内所做的这些实验，和

发现放射性——居里夫人

她日后在巴黎所做的相比较，只不过是基本实验而已，不过这却是决定她一生从事化学实验工作的转折点。

她日后的实验，使世人蒙受无限的恩惠，这是她当初所料想不到的。

这时候，姐姐布洛妮亚已经要毕业了，而且在巴黎找到了自己的另一半。她在给玛丽的信中这样写道：

现在，玛丽，你一生中总该做些成绩出来。如果近年你能攒到几百卢布，明年你就可以到巴黎来了。你可以住在我们家里，我们为你提供食宿。你一定要有几百卢布来支付索邦的学费。第一年你同我们一起过；到第二年、第三年我们不在这里的时候，我们一定会帮助你。我希望你尽快做出决定，你已经等得太久了！我敢担保你两年就可以拿到学士学位。

姐姐的这封信对玛丽而言无疑是个好消息。去巴黎，这一直是她的一个梦想，但是，家里还有很多人需要她照顾，特别是年迈的父亲，玛丽更是不忍心离开他。在收到姐姐的信后，玛丽决定还是把留学这件事情放一放，继续在华沙做家庭教师。

面对小女儿为了自己，为这个家庭做出的牺牲，斯科罗特夫斯基感到非常不安。他总是担心女儿会因为这个家的拖累而耽误宝贵的前程，这简直比杀了他还让他难受。他一遍又一遍地劝说女儿，并且鼓励女儿勇敢地走出这一步："你的才华不允许你的人生停下脚步，我也还没有到必须有人看护的地步。你的才能得不到发挥，这才是真正让我痛苦的事情……"

玛丽之所以迟迟不肯到巴黎去，其实还有一层隐秘的原因，那就是她还在爱着朱立克。她总是还梦想着两个人有重归于好的可能。如果可以，她宁愿选择放弃求学之路。上帝的安排是明智的，朱立克让玛丽失望了，否则，世界上将少了一位伟大的女科学家。1891年9月，玛丽到咯尔巴阡山的察科巴纳度假。在那里，她见到了日思夜想的朱立克。两个人在散步时，她追问了朱立克的计划，可是这个富家少爷又表现出了懦弱和犹豫。玛丽的心彻底凉了，她决定不再把自己的青春全部搭在这个毫无指望的人身上。度假回来以后，两个人彻底断绝了联系。

从这以后，玛丽开始为自己的巴黎之行做准备。1891年9月23日，玛丽在给布洛妮亚写信时说：

……布洛妮亚，我现在请你决定，是否能真的留我住在你家里。因为我可以来了，我已经能够支付自己的学费了。如果为我提供食宿不至于加重你的负担，就请给我一个确定的答复。今年夏天我经受了一些会影响我一生的残酷折磨，到巴黎去也许可以使我的精神恢复正常。但是从另一个方面说，我不想让你太受累。

听说你分娩在即，那么我在你家里应该还有一些用处。假如我可以去巴黎，请你告诉我必须经过哪些科目的入学考试以及最迟在哪一天还可以报名。

布洛妮亚的回信很快发出：这一切当然没问题！

1891年冬天，载着玛丽和她梦想的火车驶向了巴黎。为了省钱，她选择了最便宜的四等车厢，而且为了节省开支，她把褥子、床单、毛巾、衣服等日常用品全部带齐了。尽管天气冷得要命，火车里又没有暖气，行李也像石头那样重得不行，但这一切在这个幸福姑娘的眼里统统都不在话下了。她在心里一遍遍地念叨着：巴黎，大学，我来了！

※ 巴黎大学内的建筑

异国苦学

火车越过德国西境的莱茵河,不久,就进入了自由的法国。

玛丽把书本合上,浏览窗外的景色。秋天的黄昏,辽阔的平原柔美得如米勒的作品一般。

车中的乘客神情悠然,不像德国人那么严谨,更没有波兰人那种神色仓皇的模样,这是经过数次流血革命才换来的。

看着看着,玛丽渐渐忘却了旅途的孤单。

火车终于抵达了巴黎,她拎起木箱,整理一下衣服就步入月台了。

布洛妮亚接到电报,早已在月台等候多时了。

"玛丽,你终于来了,真好。"

"姐姐,你好吗?咱们好久没见了。"

五年不见的这对姐妹,激动得相拥而泣。

对来自华沙的玛丽来说,巴黎是个处处令她惊异的城市,尤其是书店里琳琅满目的书籍,更令她叹为观止。那些在华沙只要一提起书名就可能被捕的书籍,竟全部公开陈列在巴黎书店的书架上。

马路宽阔,路树巍然,人人自由地大声交谈着,愉快而无拘无束地漫步着。在这里,找不到为了防范秘密警察而心惊胆战、喁喁私语的人,也没有华沙城那种令人窒息的空气,来自世界各个角落的人都能说自己国家的语言,过自己想过的日子。

留学生涯

◇ 图 说 名 人 ◇

名人名言

我只惋惜一件事,日子太短,过得太快。一个人从来看不出做成了什么,只能看出还应该做什么……

——居里夫人

※ 今日巴黎

此地拥有无数的艺术家、留学生、流亡的政治家、观光客等形形色色的人，直令玛丽惊诧不已。玛丽终于在巴黎呼吸到自由的空气了。

布洛妮亚的家比玛丽想象中要好得多。

最令玛丽安心的是，姐夫卡基米尔是个亲切和蔼的人。

卡基米尔原是波兰贵族，自华沙学校毕业后，为了逃避战乱而来到法国，先在巴黎攻读社会学，中途改念医学，因而认识了布洛妮亚。他最近荣获了博士学位，已经正式毕业了。

卡基米尔生性豪爽，非常活跃，喜欢说笑，常常逗玛丽高兴。他深具恻隐之心，每星期一、四晚间替

发现放射性——居里夫人

穷人免费诊疗。纯洁而富有正义感的玛丽，自然对姐夫深有好感了。

一切安顿就绪后，玛丽顾不得旅途的疲劳，立刻提笔给家人写信。

爸爸：

我已平安抵达巴黎了。自由和平的巴黎，人们脸上都挂着华沙城里所见不到的愉悦、快乐神情。自由国度里的生活，真令人由衷生美。

姐姐很好，勿念。姐夫也是个很好的波兰人，如果您见了，一定会喜欢他。

今天，姐姐带我参观了凯旋门以及其他的巴黎名胜，但是最令我惊奇和喜悦的还是巴黎大学文理学院。

一想到自己将要进入这所历史辉煌的大学校门时，不禁将往昔所受的苦楚忘得一干二净。

爸爸，相信您曾听说德国宗教领袖马丁·路德的名言："巴黎有一个世界首善的大学，那就是索邦。"（索邦大学就是巴黎大学文理学院的前身）此刻，我心中充满幸福之情，假如全波兰的子弟都能在此求学，那该多好啊！

不多写了。

女儿玛丽敬笔

由这封信，我们可以看出，纯洁可爱的玛丽，无论何时何地，都不曾忘记她多灾多难的祖国。

1891年11月3日，这是值得纪念的日子，玛丽终于进入巴黎大学文理学院了。

布告栏上密密麻麻地写着课表，总计有二十六位教授的课，玛丽恨不得每堂课都能够去上。

她选了一个实验课程。现在和在华沙郊外工农业博物馆做实验时大不相同了，她不再是盲目地摸索，而是由名师指点，而且他们都是世界首屈一指的科学家。

无论是哪一门课程，玛丽总是坐在最前面的位置，毫不遗漏地全神贯注于教授的讲授。

刚一开学，玛丽就成为班上关注的焦点。因为她有一个很难发音的波兰姓，而且每节课都坐在教室讲台下第一排的位置，衣着也有点土里土气。

但是，玛丽并不在乎同学们对她的看法，她一心专注于功课而无暇旁顾这些芝麻小事。她好比一块干燥的海绵，对于知识的吸收，简直到了狂热的地步。

姐夫卡基米尔曾经写了一封信给岳父，向他禀报玛丽的生活情况。

※ 巴黎大学外景

知识链接

马丁·路德

马丁·路德，1483年11月出生在日耳曼(人称日耳曼为改革发源地)中部绍森几亚的曼斯菲德附近的艾斯里本——撒克森伯爵（选侯）领地。他是16世纪欧洲宗教改革倡导者，基督教新教路德宗创始人。2005年11月28日，德国电视二台投票评选最伟大的德国人，路德名列第2位，仅次于康拉德·阿登纳。

发现放射性——居里夫人

岳父大人：

　　玛丽整日苦读不辍，我们只有晚餐时才碰面，而且连聊天的时间也没有，因为一起吃完饭，她立刻又回房看书去了。虽然您嘱咐我照顾她，但她一切很自动自发，根本无须我劳神。

　　而且玛丽的身体很健康，请勿挂念。

　　　　　　　　女婿卡基米尔

　　但是，短短数个星期之后，玛

丽就面临了两大困扰。

首先，她的法语虽然足够应付日常会话和阅读普通读物，却无法完全听懂教授的话。其次，以前她完全是靠苦学自修，而且大部分时间都是耗在家教上，所以进大学后深感吃力，尤其是数学和物理的底子并不好，这些都令玛丽感到惶恐，以这种程度，怎能拿到学位呢？她只好利用课余时间勤读，以弥补以前的不足。

好强的她，并没有把这件事告诉姐姐和姐夫，她决心凭自己的力量加倍努力。

在学校，她认真地抄笔记、做实验，回家用过晚餐后，立刻回房间整理笔记和实验的记录，然后继续自修物理和数学，一分一秒都不敢浪费。

接着，玛丽又面临第三个困扰了。这是她无法独力解决的问题，必须与姐姐姐夫商量。

原来，姐夫白天虽然工作忙，但晚上却像变了个人似的，喜爱游乐，不是打牌、看戏，就是在家弹琴自娱，而且晚上经常有朋友到家里来聊天。玛丽并不讨厌聊天，但他们经常喝得酩酊大醉，高唱波兰歌，吵得玛丽无法安心。

玛丽初到巴黎这年的圣诞节，姐夫家里真是热闹非凡。他的朋友中，善于烹饪的就下厨做家乡菜；有几分演戏天才的就登台演戏，玛丽也扮演了一个角色，他们甚至还印制了波兰文的节目表。

在欢乐的气氛中，玛丽忆起身在华沙的父亲、兄姐，不觉又涌起一股辛酸。

有一次，玛丽正为一道难解的数学题绞尽脑汁时，姐夫突然把门打开，说："别读了，玛丽，准备一下，我有招待券，我们去听音乐会吧！"

"谁的音乐会啊？"

"就是以前我告诉你的那位波兰钢琴家。"

"可是我不想去呀。"

"不要这样嘛，波兰钢琴家在巴黎开独奏会，我们应该去捧场才对，何况门票还有三分之二没卖出去呢！"

最后，玛丽熬不过姐夫的三催四请，只好和他们乘坐马车赶到会场。座席还空了一大半，但演奏会已开始了。

台上，一个赤铜色头发、个子瘦高的男人正在弹琴，从指间流出的是波兰爱国音乐家肖邦的名曲，接着又弹了李斯特、舒曼的曲子。在听众不多的音乐会上弹奏这些名曲，真令人感到可惜。

原本就热爱音乐的玛丽，早已

发现放射性——居里夫人

沉醉其间了。

当天晚上默默无闻的演奏家，就是日后举世驰名的巴德瑞夫斯基；他不但以音乐闻名遐迩，也是一位成功的政治家，波兰独立时，被选为第一任总统。

他当夜所演奏的曲子，萦绕在玛丽的脑海中，久久不曾消失……

玛丽并非不喜欢和姐姐、姐夫同住，只是迫切希望有一个能专心看书的地方。

从姐姐家到学校较远，光是往返就得浪费两个多小时，而且马车费的支出也是一笔可观的数目啊！经过慎重考虑后，玛丽终于向布洛妮亚开口了。

"姐姐，我有一件事要告诉你。"

"什么事啊？"

"我想在学校附近租个房子。因为姐姐家离学校和实验室太远了，而且交通费也是一笔负担。我想试试看，生活费可能要多花一点，但我会尽量节省的。"

布洛妮亚对妹妹突如其来的要求，一时答不出话来。

她一直想让妹妹住在家里，以补偿妹妹多年来为她筹措学费的辛苦，可是没想到妹妹竟想搬出去住。

玛丽的话不无道理，为了让玛丽多读一点书，布洛妮亚只好和卡基米尔商量，终于答应玛丽搬出去住。

第二天，布洛妮亚（这时她已经怀孕了）陪玛丽到巴黎四处找房子，幸好很快就找到了。从这里到学校，只要步行二十分钟，到实验室则只要十五分钟；房间很狭窄，但是租金低廉，而且不必再花交通费。

行李不多的玛丽，用一辆手推车就顺利地完成了搬家的工作。

知识链接

肖 邦

弗里德里克·弗朗索瓦·肖邦（F.F.Chopin 1810—1849），波兰作曲家、钢琴家，1810年3月1日生于华沙近郊，父亲是法国人，侨居华沙任中学法文教师，母亲是波兰人。肖邦从小就表现出非凡的艺术天赋，6岁开始学习音乐，7岁时就创作了波兰舞曲，8岁登台演出，不足20岁已出名。他是历史上最具影响力和最受欢迎的钢琴作曲家之一，是波兰音乐史上最重要的人物之一，是欧洲19世纪浪漫主义音乐的代表人物。肖邦一生的创作大多是钢琴曲，被誉为"钢琴诗人"。

贫穷女大学生

从此以后，玛丽不再受干扰，但是饮食必须自理，生活费也增加了。

当时巴黎的物价还算便宜，但是一个月只有40卢布的她要付房租，又要付伙食、书籍费用等，实在很难维持，而且这40卢布还是从自己所剩无几的存款和爸爸每月的汇款中凑出来的。

这是每一个到巴黎留学的波兰贫苦女生的必经之途，她们大多两三人合租一个房间，布洛妮亚的留学生涯就是这样度过的。但是玛丽讨厌这种生活方式，她想拥有属于自己的时间，与其和朋友天南地北地瞎聊，还不如多读一点书。

中学毕业后，玛丽长年住在别人家里当家庭教师，根本没做过家事，甚至连汤都不会煮。

因此，她通常随便

※ 在巴黎大学读书时期的玛丽

发现放射性——居里夫人

弄、随便吃。如果不饿，有时候干脆晚餐也不吃了，一直看书，看到三更半夜。

她的时间表中，没有娱乐时间，也没有聊天的时间。下课回来后，她就翻开笔记本，边看边吃晚餐（只是面包加奶油而已），直到深夜才钻入冰冷的被窝，一刻也不曾离开过书桌。

当然，从不去拜访别人的玛丽，也绝少有人来看她。偶尔，星期六下午姐姐会来看看她，这就让她觉得心满意足了。

搬家后生活安定了，玛丽又写了一封信给父亲。

爸爸：

我已经搬出姐姐家，住进离学校不远的弗拉特尔街3号。

以前住在姐夫家时，他们对我关心备至，我很感激，但我的作息时间，却无法自由支配。何况，我的实力不够，一直跟不上学校的进度，因此，除了读书之外，其他阻碍我读书的事，都是我不乐意做的。

我辜负了姐姐的好意，颇感歉疚，但我觉得还是自己一个人生活比较好。

大学里的课程对我而言，是一串串的惊喜和挑战，我必须全力以赴。

姐姐怕我寂寞，经常来看我；其实我一心一意只想念书，哪有时间想到寂寞呢？读书、读书！这就是我目前生活的全部。

女儿玛丽敬笔

但是，数个月之后，玛丽又不得不另找房子了。

因为住在她隔壁的一对夫妻及一位在军中服役的士官，经常带朋友回家饮酒作乐，喧嚣不堪。

嘈杂的声音，透过薄墙灌入玛丽的耳中。于是，对巴黎街道早已熟识的她，又单枪匹马地去找房子；找到后，也等不及通知布洛妮亚一声就搬过去了。

她找到的是间小阁楼，在倾斜的屋顶上唯一的一扇气窗，只能看到狭隘的天空一角，没有暖气也没有水电设备，她必须时常走下弯弯曲曲的楼梯，到井边去提水。

布洛妮亚知道玛丽搬家后，赶紧去看她。

"玛丽，你怎么住这种房子呢？"

"姐姐，你不觉得这房子像波兰的吗？"玛丽调皮地指着自己的家具自嘲。

房里，只有一床她由华沙带来的垫被和一个小型暖炉，一个小桌子和厨房用的一张凳子。

没有电灯，只好买一盏有灯罩的油灯。

此外，刀子、叉子、汤匙、盘子，都是从华沙家里带来的。唯一的木箱摆在墙角，既可当椅子，又可当碗橱。

从楼下至阁楼，必须经过硬硬的石阶，在途中稍事休憩后，再步上七楼。如果要买煤炭，那种一袋袋提上阁楼的滋味可想而知。

玛丽根本没有多余的车费预算，因此，即使刮风下雪她也照样徒步上学。

看到这种情形，布洛妮亚心中一阵酸楚。心中暗想："如果我们稍微宽裕些，玛丽就不必过得如此艰苦了。她过去一直帮我筹措学费，可如今……"

"玛丽，和我们一起住不是很好吗？"姐姐禁不住发牢骚了。

"姐姐，你别操心，我会过得很好的。想念大学而苦无机会的波兰人不知道有多少，和他们比起来我可幸福多了！"

布洛妮亚摇头叹息，无言以对。

"你别替我担心，你自己要多保重，快生产了吧？我真替你高兴，宝宝生下来，爸爸和姐夫一定好高兴哦！"玛丽安慰布洛妮亚，然后把两三本书夹在腋下，拉着姐姐的手站起来说："我送你一程吧！"

布洛妮亚讶异地问："玛丽，你带着书本上哪儿去？"

"我要到图书馆看书，一两个小时就回来了。"

其实，她在说谎，她一到图书馆，一定要待到夜里10点关门才回来。因为馆内灯光明亮，又有暖炉，在图书馆看书可以省下油灯钱和燃料费。

当玛丽从图书馆回到住处后，就以硬邦邦的面包和水充饥，然后在微弱的灯光下看书，一直到凌晨2点才上床。

她尽量想办法忘却寒冷、饥饿等字眼。偶尔到姐姐家走走，她也绝口不提这种艰苦的生活方式。

"玛丽，怎么了？最近气色不大好。"

"前些日子着凉了。"

"我看，你可能是用功过度吧！"

"我也没办法啊，功课进度太快了。"

布洛妮亚实在对玛丽一点办法都没有。

但是，人的身体不是铁打的，她的读书方式简直是违反生理规律，完全仰赖坚强的意志来支撑。

数个月之前还是活活泼泼的玛

发现放射性——**居里夫人**

※ 在巴黎读书时的玛丽

丽,如今已经开始衰弱了;当她读罢书,要站起来,往往觉得头晕目眩。有时上床后,也有轻微的脑贫血现象。玛丽心想,也许是睡眠不足、用功过度吧,但她从没想过,这是营养不良引起的。

有一天,玛丽终于晕倒了。惊骇的同学扶她躺下后,立刻前去通知布洛妮亚。

卡基米尔携带着医药箱,匆匆忙忙赶到玛丽的住处。他一口气跑上七楼,打开阁楼门一看,吃了一惊:"啊,玛丽,你怎么这么不爱惜自己呢?"

玛丽已经清醒了,正脸色苍白地坐在床沿看笔记。

卡基米尔十分痛心、愤怒。

"对不起,姐夫,让你操心了。"

经过诊断,证实玛丽体质衰弱异常。卡基米尔一眼瞥见碗橱,顿时什么都明白了。锅、盘两三天没动过,茶壶里只剩一点水,房内找不到奶油、面包,砂糖罐也空空如也。

"你饿了吧?玛丽。"

"不,我不饿。"

"中午吃了些什么?"

"吃……已经吃过了。"

"吃了什么?告诉我。"

"核桃和……"

"和什么?"

"……"

"说呀,核桃和什么?"卡基米尔频频追问。

"小红芜菁。"

"还有呢?"

玛丽无言以对。

这两天,她只吃了半磅核桃、一束小红芜菁。

昨天,她读书直到凌晨3点才睡,一大早又赶到学校,下课后就把前天吃剩的小红芜菁塞到肚子里。后来有同学来看她,聊着聊着,玛丽突然一阵不舒服,就晕倒了。

在卡基米尔毫不放松的追问之下,玛丽才不得不说出实情。原来,这些日子她吃的都是这些。

玛丽对回答这些问题感到很厌烦,她认为煮汤、烧开水实在太麻烦了。

卡基米尔一下子也不知道应该怎么开口，以医生的立场来看，这实在不是一种正常的生活方式。

他想到身居华沙的岳父，一再嘱咐他照顾玛丽，而他却没有做到，又惭愧又难过。

他叫玛丽穿上外套、戴上帽子，并把这一周上课所需的课本和笔记本带着，然后就牵着她的手步下楼梯。

两人坐在马车上，一路沉默不语，不知要说些什么。到家后，卡基米尔立刻叫布洛妮亚烹调营养价值高的食物，像厚厚的烤肉、奶油炸马铃薯等，让玛丽好好补充营养。卡基米尔还开了药要玛丽服用。

布洛妮亚把手轻轻放在正在用餐的玛丽肩上，说了一声："玛丽，要注意自己的身体啊。"然后，就难过得说不出话来。

晚上10点钟，房里的灯熄了，在温暖的房间、柔软的被褥里，玛丽沉沉入睡了。

接连三四天，玛丽就像过圣诞节似的，吃着姐姐特意烹调的丰盛餐食。充分的睡眠以及充满爱心的烹调，比任何药物更有效，玛丽渐渐康复了。

玛丽在姐姐、姐夫面前郑重其事地保证说："即使期末考试快到了，我也绝对不再这么折磨自己了。"然后回到她的小阁楼去。但是，回去后，她的生活依旧。

在她的生活中，除了书本之外，似乎什么也没有了。

她的干劲和智慧终于得到李普曼教授的赏识。李普曼教授请她加入一项研究工作，这使得她的信心倍增。

为什么她会如此急于求进呢？原因在于经济上的问题。她虽然极力俭省，但有限的存款总会用尽的，而且，总不能让年迈的父亲为了她而加重负担啊。因此，她渴望一年之内就把两年的课程修完。

有限的费用，能供她读到什么时候？一想起这些，玛丽的心总是充满不安和焦急。

即使交通费可以省下，但唯一的一双鞋总是会穿破的呀！

一双鞋的价钱，就会使玛丽的生活预算失去平衡；但总不能赤脚上学啊，玛丽只好设法减少伙食、煤油及燃料费。

巴黎的冬天特别长，寒气也特别重，买不起煤炭的玛丽，她的暖炉总是冰冷的。

在冷得几乎令人冻僵的房间里，玛丽夜里经常睡不着觉。她不停地抖着身子，没办法只好打开木箱，把夏天的衣服，甚至内衣都

发现放射性——居里夫人

拿出来，铺在棉被上；如果还冷的话，她就把唯一的那张椅子压在被子上，这样似乎可以暖和些。

冷得睡不着的玛丽，不断地想着："万一睡不着，影响明天做实验的精力……不，波兰人绝不向巴黎的天气屈服。"这么一想，她更是辗转难眠了。

终于，使玛丽痛苦不堪的严冬过去了，4月的微风开始吹拂着巴黎。

绚烂的花朵美丽非凡，无风的晴日，令人倍感温暖。

不久，夏天来临了。阁楼里闷得令人难受，房顶上唯一的那扇窗子已发挥不了什么功用，倒是太阳照射的热气，令玛丽难以忍受。一天，玛丽又写信给她的父亲了。

爸爸：

　　巴黎现在到处花儿盛开。我和朋友在郊外度过了一个愉快的星期日。路边的树新绿盎然，散发阵阵清香；天气好的时候，有股夏日特有的闷热气息。我住的阁楼炎热得很，我不想久待下去了。

　　7月份考试一结束，我就准备回国。现在我正为准备考试而忙碌，一考完，我会立即搭上开往华沙的火车，那时我们又可以

※ 巴黎的春季

※ 如今的巴黎火车站

欢聚一堂了。

女儿玛丽敬笔

4月至7月，是巴黎最宜人的季节，玛丽更加努力地温习着功课。

7月初，一个闷热的日子，玛丽随着其他考生，怀着兴奋之情步入考场。这是她等待已久的物理学学士考试。一般考生认为试题困难，但对玛丽而言却太简单了。

考试的结果，由主考官在大礼堂当众宣布。玛丽的姐姐和姐夫都来了，礼堂内挤满了考生的亲戚、朋友。布洛妮亚和卡基米尔被挤到主考官前的台阶下。

不久之后，主考官神情肃穆地步上讲台，喧嚷的场面立刻趋于沉寂。

主考官以亮如洪钟的声音宣读及格者的姓名。

"第一名，玛丽·斯科罗特夫斯基。"

瞬间，一阵骚动、喧哗像电流般流窜在大礼堂内。玛丽终于成功了。她兴奋得颤抖，泪水从两颊垂落。

回想两年前，布洛妮亚写信要玛丽来时曾说过："玛丽，依你的能力，两年就可以得到学位。"这话终于应验了。

当夜，玛丽在姐夫和抱着孩子的姐姐的欢送下，流着兴奋的泪水，搭上开往华沙的火车，离开了巴黎。

发现放射性——居里夫人

邂逅彼埃尔·居里

华沙的夏天，洋溢着快乐。

父亲、哥哥、姐姐都为玛丽的成功兴奋不已。

一回到家里，玛丽的食欲大增、睡眠安稳，比在巴黎时健康多了。

有一天，父亲问玛丽："玛丽，你留在华沙教书，和爸爸住在一起好吗？"

玛丽很想再回巴黎修完数学学士学位，但是只靠父亲汇款，即使过着比以前更艰苦的日子也还不够，

※ 巴黎不仅有浓厚的艺术氛围，亦有浓厚的学术氛围

而且她的存款早就花完了，必须再设法筹措学费。

正在这时，玛丽在巴黎念书时的一个好朋友兹伊斯嘉来了一封信。

玛丽曾告诉过她自己的身世、遭遇和理想，因此兹伊斯嘉写了这封信，鼓励她继续到巴黎深造。

兹伊斯嘉已经帮玛丽申请了"亚历山大助学金"（这是为外国优秀的留学生设立的，可以慢慢偿还），有600卢布，足够她四五个月的生活开销，这对玛丽来说，就像中了头彩一般。

父亲看到玛丽欣喜若狂的样子，不便阻止，只好说："也好，你去吧，但要多注意身体。布洛妮亚来信说你用功过度，身体都搞坏了。"

"爸爸，您不要操心，这回我一年就可以回来了。只要获得数学学士学位，我的愿望就算达成了，那时我绝不再到别的地方去，一定跟您在一起。"

于是，9月初，玛丽又充满希望地前往巴黎。她并不知道，从此以后她会永远地离开波兰，并成为法国人，命运真是难以预料啊！

新学期开始了。玛丽再度进入巴黎大学文理学院，这一次她只专攻数学，因此有了一些剩余时间去兼家教。

她的学生是该大学的法籍同学，基础很不错，玛丽只要以她过去所准备的物理学来授课即可，比

知识链接

柏克勒尔射线

所谓"柏克勒尔射线"就是当时已公之于世的X光研究的再进一步的发展。

柏克勒尔教授认为还有类似X光线的东西没被世人发现，于是他便从事这方面的研究，想不到却意外地发现了金属盐——铀。

奇妙的铀盐，不必给予光的刺激，本身就能够放射光线。而且，这种不可思议的光线，还可以透过不透明物质（如黑纸），且以周围的空气为导体而产生作用，即使长期放置于黑暗中，也照样能放射光线。

这种罕见的现象，后来经玛丽命名为"放射能"。至于"柏克勒尔射线"的能量，到底是由什么所造成的？其放射性质又如何呢？那时欧洲所有的研究所都未进行过此项研究，1896年亨利·柏克勒尔向法国科学院提出的报告是唯一的资料。

发现放射性——**居里夫人**

※ 彼埃尔·居里先生

起教不用功的学生轻松多了。

此外,她的恩师李普曼教授,还介绍她到法国工业振兴协会去做研究工作。

她勤奋不懈地去研究该协会指定的有关"关于各种钢铁的磁性问题",希望能获得酬金,以便偿还助学金。但是,研究工作比她想象的要困难多了。

就在她深感困扰的时候,瑞士福利堡大学的物理学教授柯巴尔斯基来巴黎做学术访问,竟然出乎意料地顺便前来看她。他很关心玛丽的学习情况。柯巴尔斯基是一个知名度很高的学者,玛丽对他尊敬异常,他们曾在斯邱基村见过面。

玛丽兴奋不已,能在异乡客地遇到来自波兰的故人,真是用笔墨都难以形容的乐事。

当晚,玛丽应邀前往柯巴尔斯基下榻的旅社,两人交谈得很愉快。除了谈论近况、物理研究外,还谈起有关钢铁磁气性能的问题。玛丽告诉他,自己正为找不着适当的研究场所而头痛万分。柯巴尔斯基沉吟了一会儿,说道:"我可以介绍你到一个地方去,你知道彼埃尔·居里教授吧?他是个著名的学者,住在罗蒙街,是巴黎理化学院的教授。他或许愿意让你借用一部分实验室。我看,你们先见个面再说吧,明天晚上你再来一趟,我会把彼埃尔·居里请来。"

"谢谢您,老师,明晚我一定来。"玛丽道过谢之后,便回去了。

彼埃尔·居里当时是巴黎理化学院的实验室主任,是"居里天平"的发明人,且曾发表有关磁学的"居里法则",在法、英、德的学术界颇负盛名,年纪很轻,才三十五岁。

第二天晚上,玛丽第一次见到彼埃尔·居里。他穿着肥大过时的服装，高高的个子，棕色头发下一双温和深沉的眼睛，表现出罕见的才智和独特的个性。

玛丽后来在她的自传中，这样描写她和居里第一次会面时的情形："我走进去的时候，彼埃尔·居里正站在一扇对着阳台的落地窗前。虽然那时他已三十五岁，我却觉得他很年轻。他炯炯有神的目光和修长的身材，以及潇洒不羁的风度，给我很深的印象。而他那略显迟缓而审慎的言谈，他的质朴，他那庄重而又活泼的微笑，给人以信任感。我们开始谈话，不久就很投缘。谈话的话题是一些科学问题，我乐于征询他对这些问题的意见。"

彼埃尔比玛丽大八岁，1859年5月15日出生在巴黎。他的父亲是一位医生。居里大夫在行医养家糊口之余，还非常热衷于科学研究，经常在巴黎博物馆的实验室里做一些医学研究。

彼埃尔从小就具有独立的个性和爱幻想的性格特点，所以不太适应学校的训练和系统的学习。居里大夫知道这个孩子的头脑太独特，难以成为出色的学生，所以他没有让彼埃尔去上学，而是让他接受一种所谓的"自由教育"。先让他在家里跟自己学，后来又请了一位很优秀的教师教他。这种特殊的教育方法非常有效，结果彼埃尔十八岁就成了理科学士，十九岁成了索邦理学院一位教授的助手。

1882年，当十五岁的玛丽就读于华沙一所公立高中时，二十三岁的彼埃尔已被任命为巴黎理化学院的物理实验室主任了。1880年，他和他的哥哥雅克·居里发现了晶体的"压电效应"，即某些不对称的晶体（如石英、电气石、酒石酸钾钠等）在外加压力的作用下，由于极化而使其两端表面出现电势差的现象，这就是"正压电效应"。后来，他们继续这一实验，确定了产生压电效应的条件和变化规律，并于1881年发现了这一效应的逆效应（又称"逆压电效应"，即将某些晶体置于电场中，它们会发生弹性形变，这一效应又可称为"电致伸缩"）。他们还根据压电效应制造出非常精密的静电计，能够准确地测量非常微小的电流，这种静电计被称为"压电石英静电计"。

彼埃尔在后来的研究中，又有许多卓越的发现，比如一种最精密的天平——"居里天平"。后来他研究磁性，又取得了一项很重要的成果，发现了一条基本定律——"居里定律"。

美国物理学家塞格雷曾高度

发现放射性——居里夫人

评价彼埃尔所作出的贡献，他说："彼埃尔是第一个把今天我们称之为'群论'的概念引进物理学领域的人，这些概念包括极矢量和轴矢量之间明确的区别，以及对称性在决定某些现象可能发生时的重要性……他的观点的重要性已日益明显，开尔文勋爵就格外赏识他的才干。"（开尔文是英国著名物理学家、热力学奠基人之一，在1890—1895年担任过伦敦皇家学会会长，在他任会长期间与彼埃尔有密切来往。）

在居里于1894年初遇见玛丽的时候，他早已有很高的声望。但这位天才的学者却迟迟没有结婚，他的日记中写道："女人只为了生存而喜爱生命的程度，远胜过我们男人；天才的女人是稀有的，一般说来，对于一个严肃的科学家来说，女人是一个绝对的障碍。"

然而，当他见到玛丽后，却发现玛丽就是那"稀有"的一个。玛丽问了他很多科学上的问题，他对这名女子强烈的求知欲和理解力感到十分惊奇。当时他正在研究关于结晶的定律。他用专用术语和复杂公式跟玛丽讨论结晶学上的问题，这名女子不但能够正确理解，甚至能参与其中的一些讨论，这太让他惊奇了。

如果说两人见面后，玛丽对彼埃尔有好感，那么彼埃尔这位从来拒姑娘于千里之外的男子，却一开始就被玛丽深深吸引住了，当然其中也夹着相当大的好奇心：这名女子在巴黎苦读是为了什么？

他们很愉快地谈起了彼此都感兴趣的科学研究问题。也许是由于玛丽那种不懂就问和谦虚求知的态度，使彼埃尔感到轻松、愉悦，并产生了一种敬意，这个很少在姑娘面前说话的人竟然侃侃而谈。尤其是当他发现他用一些专用学术语言或数学公式谈自己的工作时，玛丽越来越兴奋，这使彼埃尔感到这个姑娘真是非同一般。他还惊讶地发现，她甚至能够敏锐地发现一些细节性的问题，并与他讨论。

彼埃尔在不知不觉中流露出的这种惊讶被玛丽敏感地觉察到了，她揶揄地说："先生，我不明白，'女人的能力有限'，这种奇怪的见解您是从哪儿学到的？"

当玛丽端起杯子喝茶时，彼埃尔看见她的手指变了形，他明白这是被实验室的强酸灼伤的结果，他被深深地感动了。他突然转变话题，问道："您要住在法国吗？住一段时间，还是永远住下去？"

玛丽被这突然转变的话题弄得有点发蒙，过了好一会儿她才说：

"当然不。今年夏天考试结束后，我就回到华沙去。我想秋天再回巴黎，但不知道能不能做到。将来我要在波兰当教师，让自己对波兰有点贡献。波兰人没有权利抛弃自己的国家。"

这时，科瓦尔斯基夫妇也加入了他们的谈话，话题很快就转向由俄国压迫所造成的痛苦生活。于是他们开始谈到波兰遭受的屈辱和他们义不容辞的责任。彼埃尔发现玛丽在谈到波兰的未来时十分激动，认为自己对波兰的复兴有着不可推卸的责任。这使彼埃尔感到惊讶和难以理解。这位在自由国度成长的

※ 化学实验室

发现放射性——居里夫人

学者，认为科学家唯一的责任就是关心科学事业的进展，一切与科学无关的事情都不应该过问，可是这位天赋很高的玛丽小姐，却在想着科学以外的事情，而她的计划，是要去阻止沙皇俄国的暴政。

彼埃尔·居里觉得这位美貌、智慧的金发女子确实与众不同，他完全为她倾倒了。

在物理学会会议上，他把自己的著作《论物理现象中的对称性原理：电场和磁场的对称性原理》送给玛丽，并在扉页上写道："著者彼埃尔·居里谨以尊敬和友谊赠斯科罗特夫斯基小姐。"

在李普曼教授的实验室里，他看见玛丽穿着宽大的布衣，安静地低头看仪器，更对她产生了敬爱之心。

当彼埃尔看见玛丽的住房那么狭小和简陋时，心里很不好受。他本人也向来不愿意追求物质享受，但他没有料到玛丽的生活竟如此贫困，简直让人无法想象。他问玛丽："您是怎么生活过来的？"

"啊，我每月有一百法郎，每天可以用三个法郎。"

"一百法郎一个月？这么一点钱怎么够您支付房租、伙食……"

"您少见多怪了，其实我的生活并不像您想象的那么糟。我很少待在家里，整天都在实验室，或者去大学听课；晚上我到图书馆去，一直到10点才回家。因此，我只需准备少许照明用的煤油就行了。"

彼埃尔虽然还是不大理解玛丽是怎么过日子的，但他懂得她有一种了不起的信仰和自信心，是一位了不起的女性，令人肃然起敬。

彼埃尔带玛丽去找理化学院的院长舒琴柏克先生，请求让她在自己的实验室里做些实验工作，这个请求被允许了。于是玛丽和彼埃尔可以天天在实验室里相见，他们之间的情谊也逐渐由"浅蓝"转变为"深蓝"。

此后，彼埃尔一次次温情脉脉地向玛丽求婚。玛丽也已经深深地爱上了彼埃尔，她知道彼埃尔是一位前途远大的天才学者，是一个真正可以成为伴侣的人。可是因为她热爱着波兰，对于做法国人的妻子始终踌躇。嫁一个法国人，就意味着她要永远离开家，离开祖国了。在玛丽看来，她不能这样做，也不应该这样做！自己已经通过了所有考试，现在应该回到波兰去，在波兰工作。

但是，彼埃尔的真挚感动了玛丽和她的家人。他们是多么相似啊，那种为了追寻知识、探索科学而心无旁骛的态度，简直如出一辙。

彼埃尔经常到玛丽的住处去，彼

此畅谈学问，几乎忘了时间。

有一天，彼埃尔说："玛丽，来见见我的父母好吗？他们都是很好的人。"

玛丽答应了。于是，在6月里一个气候宜人的傍晚，他们一道前去拜访住在巴黎市郊的老居里夫妇。

"啊，他们多么像我的父母呀。"

玛丽看见高尚睿智的老先生和带着病体但精神快活的老夫人时，内心感觉到一股亲切。

彼埃尔的母亲第一眼就喜欢上玛丽了，甚至暗想着，如果彼埃尔能娶到像玛丽这样纯洁聪明的女孩儿，那该多好啊。

这次会面之后不久，老居里夫人就到布洛妮亚家去提亲；布洛妮亚和卡基米尔表示赞同。

虽然他们俩早已私心暗许，但是玛丽仍然把对父亲的诺言长记在心。

她心想，要是真的嫁给彼埃尔，入了法国籍，那么一直盼着我回华沙的父亲，不知会有多么失望！

日子一天天逝去，转眼，数学学士考期将近，为了准备功课，玛丽有一段时间闭门苦读，没和彼埃尔见面。

1894年7月，玛丽终于以第二名的成绩，获得数学学士学位。

此外，她也因完成了法国工业振兴协会的研究而获得一笔酬金，顺利地偿还了600卢布的助学金。

助学金财团的秘书讶异地对她说："从没有人这么快就还清助学金，你倒是头一个。"

"如果我能尽早还清，你们就可以再把这笔钱借给别的清贫学生了；所以我拼命努力并设法筹措。"玛丽回答。她那善良的心地，使秘书十分感动。

玛丽又回到了华沙。

在三天的归程当中，她心中不断地萦绕着悲喜交织之情：一方面是与父亲久别重逢的喜悦，一方面又是与彼埃尔依依离别的哀伤。

看到了久别的女儿，父亲兴奋地说："玛丽，你终于回来了，我等了好久呢！你以后不会再到别的地方去了吧？你看，爸爸等你，等得头发都白了呢……"

看见父亲欢天喜地的样子，玛丽实在不忍说出要和彼埃尔结婚的事。

但是，她此刻耳际仍回荡着离别时彼埃尔的殷殷叮咛。彼埃尔曾以柔和的声调说："玛丽，10月一定要回巴黎来啊！"

怎么办呢？她无时无刻不在思索着这件令她左右为难的事。

有一天，父亲跟玛丽说："今年夏天，我们父女俩到外地去旅行吧！"

发现放射性——**居里夫人**

※ 两度诺贝尔奖得主——晚年的居里夫人

这是一次期盼已久的旅行，一路上洋溢着兴奋和快乐，同时，彼埃尔的情书也锲而不舍地随着她的行踪而至。

亲爱的玛丽：

见信如见人。接到你的信是令我最感雀跃的事。

相信此次旅行，一定可以使你身体健康、精神愉快，也相信秋天一到，你一定会到巴黎来。

假如你真的返回巴黎，不只是我个人的幸运，也是你自己的福气。因为在巴黎，你可以更深入地钻研学问，为人类做一番有意义的事。

彼埃尔

玛丽看了这封信，颇有同感，因为她实在太酷爱知识了。

其实，玛丽的父亲早就从布洛妮亚的来信中知道了一切。

彼埃尔生长在一个很高尚的家庭，兄弟们都是一流的学者，彼埃尔本身更是卓越的物理学家，应当是玛丽的良伴。所以，旅游归来后，父亲就主动地探试玛丽说："玛丽，你隐瞒了一件重要的事，没告诉爸爸。"说着，便拿出布洛妮亚的来信给玛丽看。

"爸爸，请原谅。我实在不敢跟您提这件事，因为我如果和彼埃尔结婚了，那就必须在巴黎定居，您会很失望的。"

想不到爸爸却神情开朗地说："我了解你的心情。你定居法国，我是孤单一点，但你也是为了研究学问啊，做爸爸的我，总不能反对你做有意义的事吧？至于彼埃尔在物理学上的成就，不用布洛妮亚提，我也知道，我怎会反对你和他结婚呢？爸爸虽然会寂寞些，但这并不是问题，我同意你们的婚事。"

多么宽宏的父亲！多么伟大的亲情！玛丽的泪水几乎快夺眶而出了。

知识链接

居里夫妇

彼埃尔·居里出生于1859年，是人类历史上最伟大的科学家之一。玛丽生于1867年，他们在1895年结婚。1897年底玛丽开始做博士论文，她的导师是索邦大学（巴黎大学一部）的李普曼，但玛丽是到彼埃尔的实验室做的实验，很快演化成了他们夫妇的合作。他们在几个月之内就发现了新的放射性元素。1903年他们获得诺贝尔物理学奖。1906年，彼埃尔去世。1911年，玛丽获诺贝尔化学奖。1934年，居里夫人去世。次年他们的女儿女婿获诺贝尔奖。粗看上去他们一帆风顺。可是，彼埃尔第一次竞选法国科学院院士时落选，而玛丽则终生未进法国科学院。是否当选院士，自然对一位科学家来说是有关荣誉和认可的问题。另外，当时的科学结构中，法国科学院还是科学交流和掌管研究经费的主要机构。这样对法国科学家来说，当选院士又更多一些意义。比如，因为居里夫妇都不是院士，当他们的开创性发现在1898年提出来时，他们的论文是由其他是院士的科学家在法国科学院代讲的。

居里夫妇被科学院拒之门外的原因不同。彼埃尔从小就有性格孤僻的倾向，家庭不是彼时的"上流社会"，自己又不是擅长交往的人，上的学校也不是最时兴的，他得到的教职是在理化学院，而不是邻近的名牌索邦大学。事实上，他在1898年和1902年二度争取索邦大学的教职都被拒绝。1902年他第一次被提名竞选科学院院士，也未成功。对此，彼埃尔并不像有些描述所写的那样毫不在意，从他给朋友的信中，可以看到他是不高兴的。1905年，在他们发现放射性元素八年、获得诺贝尔奖两年后，彼埃尔才入选法国科学院。而这时候的社会和科学界的一部分人，想当然地把玛丽作为配角，甚至有报纸发表记者就彼埃尔当选院士的"访问记"，称她因丈夫的成功非常高兴，而她作为女子唯一的雄心就是帮助丈夫工作。这个"访问记"第二天就被居里夫人投信否认：我没有与贵报任何人说过话，而且从未对任何人表达过那些意思。

仓库里的实验室

攀登科学高峰

◇ 图 说 名 人 ◇

在有了女儿之后，居里夫人享受着作为一名母亲的快乐。不过，尽管居里夫妇的生活十分美满幸福，但是他们并没有忘记自己作为科学研究者的身份。尤其是居里夫人，她不认为自己需要在生活和事业之间作出抉择，她有信心同时胜任妻子、母亲、学者三重角色。

玛丽生性喜欢冒险，小时候，即使要到同一个地方，她也要尝试走不同的路，甚至去寻找别人不知道的路。而且，从日常生活中也可以看出她的这种个性。

她更是一个不畏艰难的人，无论遭遇何种困难，一定会设法解决的。如今，她不但想写博士论文，而且也想选择别人从未做过的研究，因此她先详细阅读了物理化学界各种最新的实验报告，以便决定研究题目。

19世纪末，正当物理学家们为经典物理学的辉煌成就举杯祝贺，一部分科学家宣称物理学的大厦已经初步建成之时，从1895年（玛丽和彼埃尔结婚的那一年）起，一系列难以想象的伟大发现突然迅速地涌现。

首先是1895年12月德国物理学家伦琴发现X射线。接着，法国物理学家柏克勒尔于1896年3月发现"铀"元素具有的天然放射性。把含铀的一种化合物放在用黑色纸包好的照相底片上，铀的射线

> 名人名言
>
> 科学是不分国界、阶级、种族的，科学无祖国。它应该打破狭隘的局限，服务于全人类！
>
> ——居里夫人

※箔片验电器

可以透过黑纸使底片感光；"铀射线"和X射线一样，能把周围空气变成导电体，使验电器放电。

关于柏克勒尔发现铀元素放射性的消息报道后，在科学界引起了轰动。而此时居里夫人正面临着一个任务，就是选择博士论文研究的课题。在阅读了近几年的科学期刊后，居里夫人注意到了柏克勒尔教授的关于铀射线的论文，终于，她选定法国物理学家亨利·柏克勒尔的研究报告，展读再三，兴趣盎然。

柏克勒尔教授的研究报告在物理学上极富启发性，他的研究虽然尚未完成，却很可能成为某种伟大研究的开端。

这些资料使玛丽下定决心，一定要进一步探索柏克勒尔射线。

这种铀射线显得有点神秘，而且有一个问题让她不明白：铀射线的能量是从哪儿来的?这也是一直以来困扰柏克勒尔和许多科学家的一个问题。居里夫人觉得这个问题很

发现放射性——居里夫人

值得研究,在与彼埃尔商量以后,她决定把它作为自己博士论文的研究课题。对玛丽来说,这是她最感兴趣的研究目标,说不定还会发现新元素呢!

居里夫人的决定聪明而又大胆。首先,能量来源的问题十分棘手,用已有的科学概念几乎无法对它作出解释,可居里夫人偏偏选中这种难度大、内容新颖的研究课题!其次,当时世界上还没有任何一位女性能成为理科博士。居里夫人明白,要想同男人建立平等的关系,她的论文必须有独特的内容和实质性的科研成果。再次,居里夫人也是怀着又惊又喜的心情发现,柏克勒尔的重要发现尚未被人们重视,几乎还没有人做进一步的研究,因此选这个题目研究,取得成功的机会比较大。但与此相关的困难是参考文献太少,几乎一切都得自己从头干起。

居里夫人在丈夫的鼓励下,着手做初步的研究工作,到实验室去做种种精密细微的实验。可自己的实验室在哪里呢?即使在十分重视科学的法国,也只有极少数有地位的学者才拥有自己的实验室。

经由彼埃尔和理化学院院长协商的结果,由学院借给他们一间仓库和一间堆置机械的住房做实验室。

仓库简陋不堪,没有地板,屋顶也会漏雨,夏季闷热自不待言,冬天的寒风从缝隙吹入的滋味也不好受,内部只有一块旧黑板、一个会晃动的桌子以及一个烟囱生锈的壁炉。

早在理化学院还附属于巴黎医学院时,这里是尸体解剖室,因而光线黝暗,湿气又重。里面潮湿得冒水,设备很简陋,也没有研究所需的一切材料。可居里夫人毫不气馁,经过努力,这个简陋的屋子很快就成了她的"第一个实验室"。觉得太冷的时候,居里夫人就在她的工作笔记本上记下摄氏温度计指明的度数,例如,1898年2月6日的记载是:"温度6度25分。"居里夫人还在这个数字后面加上了十个惊

※ 电流计

※ 居里夫人和丈夫在一起

叹号，表达自己的不满。

　　湿气重，对玛丽的病体会产生不良的影响，也很可能影响电流计的准确度，但他们已经别无选择了。

　　不过，这里毕竟是居里夫人的第一个实验室。以后她又换过许多个实验室，但这里却是她实验室生活的起点。

　　德国化学家奥斯特瓦尔德在参观了居里夫妇的实验室后，难过而又愤愤不平地说："在发现镭之后不久，经过我的恳切请求，终于被允许进去参观居里夫妇的实验室。我走进实验室，发现那竟是一所既类似马厩，又好像马铃薯窖般简陋的房子。如果不是在工作台上看到一些化学仪器，我真会认为这是一个天大的恶作剧呢。"

　　这时，一位年轻的化学家安德烈·波恩特地到他们的实验室来，给予了他们精神上的鼓励。波恩是"锕"元素的发现者，他深知研究的艰苦。

　　"祝你们成功。"他握紧居里夫妇的手，由衷地祝福着他们。

　　居里夫妇高兴异常，在最艰难的时候，这位了解他们的同行来访，使夫妇俩勇气倍增、精神十足。

　　他们继续苦斗，但是经济状况愈来愈紧张了。

　　刚开始时，玛丽一直感到很疑

知识链接

锕

　　锕227的半衰期为21.77年。它于1899年首先被法国科学家安德烈·波恩发现，随后在1902年，德国化学家弗雷德里奇·奥托·吉赛尔也独立地发现了该元素。存在于沥青铀矿及其他含铀矿物中。人工制备锕的数量极少，其在商业和科学研究方面极为有限。锕与镭相似，在黑暗中发光。其名字来自于希腊文"aktinos"，意为"射线"或"光束"。

发现放射性——**居里夫人**

※ 钍 石

惑，到底柏克勒尔射线不可思议的作用，是铀矿特有的现象，还是只是偶然而已？其他物质是否也有同样的现象？如果是的话，那么除了铀之外，就必须再去发掘具有这种特殊现象的其他物质了。

把必需的仪器筹备得差不多以后，居里夫人立即开始着手重复柏克勒尔做过的实验——测量铀射线的强度。柏克勒尔在发现铀元素天然放射性的时候，发现了它有三种效应：可以使照片底片感光、可以使气体电离、对不同的物质具有不同的穿透力。

居里夫人通过细致耐心的测量，证实了铀射线的强度仅与铀化合物中铀的含量成正比，与化合物的组成无关，也不受光照、加热、通电等诸多因素的影响。这样，居里夫人进一步证实了柏克勒尔的结论：铀射线的放射是一种原子过程。

当居里夫人精确地、定量地测定了铀射线以后，她作为一位优秀科学家的素质在这时充分地显露出来了。她研究得越是深入，越是感到铀射线具有一种非同寻常的性质，与以前所有的研究结果大不相同。于是，她正好在柏克勒尔止步的地方勇敢地向前迈出了一步。她考虑到虽然现在只能观察到铀可以自动放出"铀射线"，但是并没有任何证据可以证明铀元素是唯一能发出这种射线的化学元素。别的元素就不能发射这种射线吗？柏克勒尔也许是由于一种偶然的原因先在铀元素里发现了它，但若因此就把它设定为只有铀元素才具有的发射

※沥青铀矿

本领，那未免有些以偏概全了。于是，居里夫人决定检查当时知道的所有元素。她找来几种矿石和化学物品，一一做了实验。

通过实验，居里夫人得出了一个结论：钍也是一种放射性元素。那么，放射现象绝不只是铀的特性，必须给它一个科学的命名，居里夫人提议把这种现象叫作"放射性"。铀和钍这些具有放射特性的物质，就叫作"放射元素"。

放射性使居里夫人着迷。她不知疲倦地连续用同样的方法研究各种不同物质。除了单质的元素和简单化合物外，她更进一步检查各种复杂的矿物。结果是：含铀或钍的矿物，就有放射性，而其他矿物基本不具放射性。

但问题出现了。当居里夫人检查到一种沥青铀矿时，她发现这种矿物的放射强度，远远超过它所含铀量应有的强度！

"也许是弄错了吧？"居里夫人怀疑这是实验所出现的误差。与所有的学者一样，她对于出乎意料的现象的第一反应，总是持怀疑态度。

她开始用同样的矿物重新实验。她反复做了十次、二十次，结果总是一样。她不得不承认一个事实：光凭这些矿物中铀和钍的含量绝不能解释这种异乎寻常的放射强度。

那么，这种反常的过度放射性是从哪里来的？毕竟在前面的实验中，居里夫人已经把当时所有的已知元素都检查过了。在这种情况下，合理的解释似乎只有一个：既然放射性是一种原子特性的表现，那么更强的放射性当然表明这里有新元素存在。这种推理十分合乎逻辑，但它仍然只是为有新的放射性元素存在提供的一种推断，进一步的任务就是要找到这种新的元素。

居里夫人知道要从矿石中提炼出这种极其微量的元素绝非轻而易举的事，毕竟从古到今，也不过才

发现放射性——**居里夫人**

发现八十种左右的元素。但是，居里夫人性格中那种刚毅的意志、一往直前的精神，充分发挥出了它的作用。就像四年前居里夫人自己所说的那样："我们任何一个人的生活都不容易，但是那有什么关系？我们应该有恒心，尤其要有信心！我们必须相信，我们既然有做某种事情的天赋，那么无论如何都必须把这种事情做成。"这种"事情"，就是把科学送到一条前无古人的道路上去！

在这之前，彼埃尔虽然没有直接加入这项工作，但他一直关注着妻子实验的进展，并时常把自己的意见告诉玛丽。但是现在，鉴于实验结果惊人的重要性，彼埃尔决定暂时放下自己进行的结晶学的研究，同妻子一起寻找这种人类还不曾知道的新物质。

在大量的紧迫工作出现，并急需要有合作者的时候，居里夫人身边总会有一位大物理学家及时出现，现在这位大物理学家就是她的终身伴侣彼埃尔。彼埃尔没料到的是，他的这一"暂停"竟一直延续到他不幸去世为止。从此，在那间潮湿狭小的"实验室"里，居里夫妇为人类的科学事业共同拼搏奋

※ 天然的铋

斗。他们的合作，是人类科学史上最美妙的一曲交响乐。

他们以放射性为基础，采用分步结晶这一新的化学方法，从沥青铀矿中分离出新的放射性物质。1898年7月，他们两人开始联名发表文章。他们的第一篇文章的题目是《论沥青铀矿中的一种放射性新物质》。

在对新元素的探索工作开始之后，居里夫妇的工作就无法分清哪一部分是哪一个人的成绩了。居里夫妇从1898年5月或6月开始合作，直到八年之后，这种合作才被一次不幸的意外终止。

居里夫妇开始耐心地探索。他们先依照化学分析的普通程序，把组成沥青铀矿的各种物质分开，然后逐一测量它们的放射性。连续淘汰几次后，他们渐渐发现那种"反常的"放射性，隐藏在这种矿石的某几部分中。工作越向前进展，探索的范围就越缩小。他们紧紧追踪着放射性元素的走向，在实验室一干就是一个通宵，常常连饭也顾不上吃。

几个月过去，不知不觉中，夏天来临了。他们没有白费时光，在这几乎和外界断绝来往的几个月里，他们终于将沥青铀矿中的所有成分都分离开了。化学分析又给他们带来了新的意外，所有的实验都表明，放射性主要集中于沥青铀矿的两个组成部分里。其中一种是在沥青铀矿含钡的化合物中，另一种在含铋的化合物中。这就是说，如果他们的推断是合理的，那么只要将这两种化合物再度分离，就可以找到新元素。他们又进一步确证，在含铋的化合物中，铋的放射性并非来自铋本身，而是混在铋内的一种极其微量的元素。

经过反复实验，他们认为可以利用两种金属溶解度不相同的特点进行再分离。加水使铋盐溶解后，他们首先从沉淀下来的渣滓中找到了放射性特别强的物质。

新的发现正向他们热情地招手！居里夫妇怀着激动而急迫的心情，加快了工作的进度。到1898年7月的一天，他们终于在含铋的化合物里找到了一种新元素。

彼埃尔对他年轻的夫人说："你应该给它起一个'名字'。"

居里夫人默默地闭上了眼睛。她想到了那已经从世界地图上消失了的祖国，她隐约觉得这个重要的科学发现将会在德国、俄罗斯、奥地利那些压迫者的国家发表，于是对丈夫说："我侨居在远离祖国的土地上，而我的祖国已经从地图上消失了，但是我要让祖国的名字永

发现放射性——居里夫人

远铭刻在人们的记忆中。我们可否叫它'钋'?"（钋Polonium，这个词的词根和波兰国名的词根一样，居里夫人以此来纪念她的祖国。）

彼埃尔紧紧握住妻子的手，虽然她婚后成了法国公民，但她时刻没有忘记对祖国的爱，没有背弃青年时期的热情，彼埃尔太了解她了。

在1898年7月科学院的《论文汇编》里有这样一段文字：

> 我们相信，我们从沥青铀矿中提取的物质，含有一种尚未受人注意的金属，它的分解特性与铋相近。如果这种新金属的存在确定了，我们提议把它定名为'钋'，这个字来源于我们之一的祖国的名字。

这篇题目为《论沥青铀矿中的一种放射性新物质》的研究报告在《论文汇编》上发表之前，居里夫人已将原稿寄回波兰，交给她从前做初步实验时所在的工农业博物馆的实验室主任约瑟夫·柏古斯基。几乎在巴黎发表的同时，这篇文章也发表在华沙的一家画报月刊上。

在这篇文章中，他们写道：

> 有些含铀和铋的矿石（沥青铀矿、铜铀云母、非晶铀矿等）放射的柏克勒尔射线的性质很强……如果有些矿石的放射性比纯粹的铀和铋还强，那就可能含有一种比上述两种金属的放射性还强的物质。我们想尽办法分离存在于沥青铀矿中的这种物质……在不同的过程中，越到后来产生的放射性越强。最后，我们得到的是一种放射性比铀强四百倍的物质。

沥青铀矿是一种成分复杂的矿石，它以铀为主，另外还含有多种其他元素的杂质，包括银、铜、铋、钡、锶和钴等金属的化合物，这些杂质中究竟是哪一种成分含有放射性呢？这只能靠化学方法分离后，再用静电计比较其游离电流的大小才能鉴别。就这样，他们一边用物理仪器测试，一边进行化学分析，结果发现含铋的成分显示出强烈的放射性，其强度比同样质量的铀强四百倍！

1898年7月18日，他们把这一发现提交法兰国学院，由李普曼教授宣读。但是，法国科学院不认可这个报告。这是因为，钋的特性推翻了几世纪来学者们相信的基本理论。从化学角度来看，钋的化学特性和铋十分相近，未必是一种新的元素。而按照一般的习惯，一种新

89

元素只有在看见了它、接触了它、称量过它，用各种酸加以对比，再把它放进了瓶子里，并确定了它的"原子量"后，化学家们才会相信它的存在。而现在没有一个人见过纯净的钋，也不知道它的原子量，因此不少化学家对此抱怀疑态度。

但是，后来李普曼教授也承认了她的研究价值。1898年4月12日，他在科学院例会席上说："玛丽·斯科罗特夫斯基·居里在实验室内发现，有一种具有强烈放射能的新化学元素可能存在。"

居里夫妇认为，用放射性方法检测、寻找新的元素是一种很有希望、很有效的化学分析方法，他们认为这种方法比光谱学分析方法更灵敏。但是，由于人们对放射性所知不多，因而不相信可以用放射性方法来寻找、确定新的元素，仍然认为只有运用元素的特征光谱才是唯一可行的确定新元素的方法。科学院也拒绝把放射性方法作为识别元素的依据。

找到了钋元素以后，他们并没有忘记另外一种亟待他们去发现的新的放射性元素。他们又回到那间小小的实验室，以同样的热情投入到继续寻找新元素的工作中。

这是居里夫妇从仓库实验室向物理学界发出的第一炮。他们研究的目的是想求证这种元素是什么，以及它在沥青铀矿内的含量有多少。

后来他们发现其含量竟然不及1%，如此微弱的含量，却能放出如此强烈的能量，这种发现震惊了学术界。

接着他们开始分析沥青铀矿中发出放射能的成分是什么。最令他们惊异的是，竟有两个新元素具有放射能。

这时，开始换牙的伊雷娜已学会缠父母了。居里夫人做实验的同时也很挂念女儿，经常会跑回家看看。他们的收入不高，得精打细算才能让一家三口正常生活下去。居里夫人在一本食谱上写道："我用八磅果子和等量的冰糖，煮沸十分钟，然后用细筛滤过，这样可以得到十四罐很好的果冻，不透明，可是凝结得很好。"对于女儿的成长，年轻的妈妈也细心地做了许多记录。例如：

"伊雷娜会用小手表示'谢谢'了。她已经会用四肢爬了，并且会说：'走啊，走啊，走。'把她放在毯子上，她会自己坐起来，会坐下去……"

10月17日："伊雷娜已经学会走路，她再不用爬了。"

1899年1月5日："伊雷娜有十五颗牙了！"

发现放射性——**居里夫人**

晚年岁月

第一次世界大战结束后,世界恢复了平静。而那些为了战后的和平恢复了忙碌工作的人们让居里夫人再拾昔日的信心。

战争的结束也让交战各国的科学家恢复了交往。对于曾经的敌对国的科学家,居里夫人十分真诚地表示她会忘掉那场带给她祖国灾难的战争,但事实上她并没有像她的某些同事那样表现了如同战前一样的友好与热情态度。在与德国物理学家交谈时,她往往会貌似不经意地问其是否在《告文明世界宣言》(在1914年第一次世界大战爆发后的10月,德国学者们发表了一个臭名昭著的文件《告文明世界宣言》,为德国军国主义分子发动的罪恶战争辩护。93位德国最有名气的学者包括普朗克、伦琴在内都在文件上签了名。只有包括爱因斯坦在内的三位德国学者,立即对这一份可耻的文件提出严厉的谴责,并且针锋相对地发表了《告欧洲人书》)上签过名,若是签过,她就只简单地对他表示客气;若是没有,她就会十分友好地与他谈论所感兴趣的科学话题。这种态度对双方代表的意义在时间上是十分短暂的,可从这点完全可以看出她对于知识分子在战争期间所负有的责任有着极为崇高的理念。她觉得一个可以具有影响力的人物在战争期间更不应置身事外;在战争的四年期间,她

※ 正在做实验的居里夫人

忠诚地为法国服务，并且救了许多人的生命。可她也明确表明有些事情不是知识分子应该参与的。她责备莱茵河彼岸在宣言上签字的作家和学者，认为一个知识分子如果不坚定地保卫文化和思想自由，就是背叛了自己的使命。

玛丽·居里虽然也参与了这场战争，但是并没有成为好战分子，也没有成为宗派主义者。1919年，她仍然是个纯粹的学者。作为一个慈祥的母亲，她一直亲自照料两个性格完全不同的女儿伊雷娜和艾芙，虽然她的科研工作是如此地累。她对她们从不偏爱。在任何生活环境中，她都是她们的保护者和热心的同盟者。后来，伊雷娜自己有了孩子，玛丽·居里又担负起照顾下一代的责任。

在晚年时光中，也许是由于健康状况让人欣慰，也许是老年人对世间百态阅尽而不惊的心境，玛丽·居里变得安详多了。像一把虎头钳一样紧紧地卡住她的悲哀和疾病，已经放松，时光冲淡了往日的苦恼……

1920年5月的一个早晨，一位女士拜访了镭研究院的很小的会客室。她名叫威廉·布朗·麦隆内夫人，在纽约主办一种大型杂志。

这次约会，玛丽·居里等了好多年了。麦隆内夫人和许多人一样颇为她的生活和工作倾倒；而这个美国理想主义者同时又是一个大记者，她极力设法去接近她所崇拜的人。

麦隆内夫人参观过合众国各种资金雄厚的实验室，对那些实验室的内部有着深刻的了解。她见过爱迪生先生的实验室，那里简直像一座宫殿。对于见过装潢富丽的建筑物的人，再看镭研究院，就难免觉得它简陋了。这所房子虽然是新的而且也还合用，但是它完全是照着法国大学建筑的朴实风格建造的。麦隆内夫人知道在匹兹堡有一些工厂大批炼制镭，她看见过它们冒出来的浓烟，以及一长列一长列装载贵重的钒钾铀矿石的车皮……

她到了巴黎，在一间家具简单的办公室里，与镭的发现者居里夫人会谈，她问道："你最想要什么东西？"玛丽·居里柔和地回答说："我需要1克镭，以便继续我的研究，但是我买不起，镭的价格实在是太贵了。"

麦隆内夫人想出了一个计划，她请她的同胞赠送1克镭给玛丽·居里。回到纽约之后，她想找10个有钱的妇女，10个女百万富翁，劝她们每人出一万元，然后把钱凑起来买这件礼物。计划没有成功，她只找到了三个学术保护人肯如此慷

发现放射性——**居里夫人**

慨。她后来想："为什么只要十个有钱的妇女呢？为什么不组织一个全美妇女捐款运动？"

对于美国这个充满梦想的国家，几乎没有办不到的事。麦隆内夫人组织了一个委员会，其中最积极的委员有威廉·佛·穆狄夫人、罗伯特·米德夫人、尼古拉斯·布瑞狄夫人、罗伯特·阿俾大夫和弗兰西斯·卡特·伍德大夫等。她们准备在新大陆的每一个城市中发起筹募活动。

在麦隆内夫人拜访玛丽·居里之后不到一年，她就给玛丽·居里写信说："款已凑足，镭是你的了！"

这些美国妇女慷慨地援助玛丽·居里。但是，作为交换条件，她们亲切、友好地问她："你为什么不来看我们？我们愿意认识你。"

居里夫人犹豫不决。她永远怕在众人面前露面，她不喜欢人多的场合，而美国是世界上最喜欢公开宣传的国家，到那里去拜访势必会安排许多会面，而这对她来说无异于是一种折磨。

而对于她这种理由，麦隆内夫人都一一给出了保护性的答复，一定不会让她感到为难。

玛丽·居里感动了。她抛开诸多顾虑，决定在54岁的这一年进行

※ 化学元素周期表

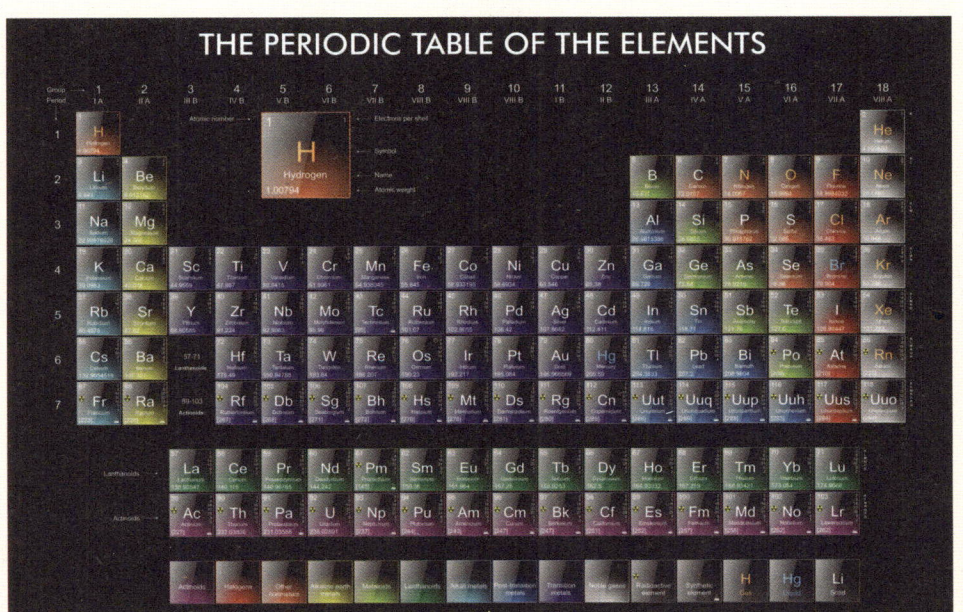

93

平生第一次重大的正式旅行，承担这次旅行的种种义务。

多年来，居里夫人力求隐退，这种努力在法国已经取得了些许的成功。她已经使她的同胞，甚至使接近她的人相信，大学者并不是公众人物，更不是什么了不得的大人物。自从她到纽约，这层帷幕揭开了，真相出现了。伊雷娜和艾芙突然发觉，一向与她们朝夕相处的这个自求隐退的妇人，在世人的眼中代表着什么。

美国人在和玛丽·居里相识之前，已经对她有一种真诚的崇拜，把她列为当代第一流人物。现在她到了这里，和他们在一起，数以万计的人都对这个"疲倦客人的简朴魅力"着了迷，为这个"羞怯的纤弱妇人"或"装束朴素的学者"所倾倒……

麦隆内夫人的房子里摆满了鲜花——有个园艺师因为镭治好了他的癌肿，所以用了两个月工夫亲自培植极美的玫瑰花，使它们发芽和开花，就是为了能在居里夫人来访时送给她。她们就在这所房子里开了一次紧急会议，决定旅行日程。美国所有的城市、专科学院，以及所有的综合大学，都邀请玛丽·居里去访问；成打的奖章、名誉头衔、名誉博士学位，都在等着她……

麦隆内夫人问她："你当然带了大学教授的长袍吧？在这些仪式上，这种衣服是必不可少的！"

玛丽·居里的天真微笑引起了众人普遍的惊讶。她没有带来大学教授的长袍，最妙的理由是她从来没有这种衣服。索尔本教授都必须有一件长袍，但是她这位唯一的女教授，却甘愿把这种打扮的乐趣让那些男子去享用。

麦隆内夫人立即请来了裁缝，忙着赶做这件庄严的衣服。衣料是黑罗缎，用丝绒镶边，将来再罩上博士学位应有的色彩鲜明的无袖长袍。在试衣服的时候，居里夫人再度表现了她对这种表面的东西的抗拒，说袖子碍事，布料太厚，尤其是绸缎刺激了她那被镭烧坏了的手指。

到5月13日，诸事均已齐备。在安德鲁·卡内基夫人家里吃过午餐，在纽约匆匆地游览了一下，玛丽·居里带着两个女儿艾芙、伊雷娜，跟随麦隆内夫人动身作流星一般的旅行。

人们期待的重要一天终于来到了。5月20日，哈定总统在华盛顿将1克镭——或者说是象征的镭，赠送给了玛丽·居里。赠她的镭分装许多试管，存放在特别衬了铅皮的匣子里；但是这些试管太贵重，它们发现放射性——居里夫人

的辐射太强烈，所以仍旧安全地留在工厂里。于是，一个装着"仿制镭"的匣子放在白宫东厅中央的一张桌子上，此外，大厅里满是外交人员、政府高级行政官员、陆海军及大学的代表。

4点钟，一个双扇的门打开了，一列人走进来：先是法国大使朱塞昂先生挽着哈定夫人，然后是哈定总统挽着玛丽·居里，再然后是麦隆内夫人、伊雷娜·居里和艾芙·居里，接着是"玛丽·居里委员会"的女士们。

演说开始了。哈定总统真挚诚恳地向玛丽·居里致词，说她是一个"高尚的人，忠诚的妻子，慈爱的母亲；除了她那极艰辛的工作之外，还尽到了妇女的全部天职"。他把一卷用三色丝带扎好的文件交给她，并且把一个用水纹绸带系着的极小的金钥匙，挂在了她的脖子上——这就是那个匣子的钥匙。

人们认真地聆听着玛丽·居里简短的谢词。然后，客人们在一片愉快的喧哗声中进入蓝厅，并列队从这个学者面前走过。玛丽·居里坐在一张椅子上，一语不发地向他们微笑着；他们逐一走到跟前，她的女儿们代她跟众人握手，并且依照哈定夫人介绍的人的国籍，用英语、波兰语、法语说着客套话。后来他们又排成行列走出去，到了门前的石阶上，一大群摄影记者正在那里等着。

有幸参加这次仪式的人们，极其兴奋地宣布"镭的发现者接受她的美国朋友赠送的无价之宝"的新闻记者们，倘若听到玛丽·居里在哈定总统把那1克镭赠给她之前，就试图放弃它，一定要大为惊诧的。在举行仪式前夕，当麦隆内夫人把赠予文件给她审阅时，她仔细读完后从容地说：

"这个文件必须修改。美国赠给我的这1克镭，应该永远属于科学；只要我活着，不用说我将只把它用于科学研究。但是如果按这文中规定，那么在我死后，这1克镭就变成私人财产，成为我女儿们的产业。这是不可行的。我希望把它赠给我的实验室。我们能不能找一个律师来？"

麦隆内夫人觉得有些为难，回答说："但是……好吧！既然你愿意这样做，我们下星期就去办正式手续。"

"不要拖到下星期，也不要拖到明天，就在今晚办妥。这个赠予证书要马上生效，我也许会在几小时内死去的。"

在很晚的时候，麦隆内夫人终于找来了一个律师，他和玛丽·居

里共同草拟了附属证书。她立刻签了字。

在费城,玛丽·居里和科学界、实业界著名人士交换了礼物:有一个工厂的经理赠送她50毫克新钍;著名的美国哲学学会授予她约翰·斯考特奖章,为了表示感谢,她赠送这个学会一个"有历史意义的"压电石英静电计,这是她在最初几年研究工作中自己制造并且使用的。

玛丽·居里参观了匹兹堡的制镭工厂,那1克著名的镭就是在这个厂炼制的。

※ 波兰是居里夫人的祖国,化学元素"钋"是居里夫人为了纪念祖国而命名的

在美国的大学里,她又获得了一个博士学位!她穿上了她的教授长袍,这件衣服她穿着很合身而且很舒服,但是她不肯用传统的方帽盖住她的头发。她觉得难看,并且抱怨说"戴不住"。在一群学生和戴着硬黑方帽的教授中间,她总是光着头,拿着帽子,相信最会打扮的人也想不出更好的主意了!她的脸在周围许多人的脸中间,显现出了朴实而圣洁的美,而她自己却浑然不知。

6月17日,居里夫人不得不第二次中止旅行。她的血压极低,医

发现放射性——居里夫人

生们都很不安。她休息了几天,恢复了一点气力,能到波士顿和纽海文,并且到韦尔斯利、耶鲁、哈佛、西蒙、拉得克力夫等大学去。6月28日,她上了奥林匹克号轮船,她的房间里摆满了电报和花束。

居里夫人感觉疲惫极了,但总的说来,也满意极了。在她的函件中,她说她幸运地"在美国对于法国和波兰的友谊上作了一点极小的贡献",她引述哈定总统和柯立芝副总统对她两个祖国所表达的同情的言语。但是无论她如何谦逊,她也不能不觉得自己在美国获得了很大的成功,因为她征服了几百万美国人的心,赢得了所有接近她的人的真挚友谊。比如麦隆内夫人,直到她去世,这个女人始终是她的最忠实、最亲切的朋友。

1922年5月15日,国联理事会一致通过"邀请居里·斯科罗特夫斯基夫人为国际文化合作委员会委员"。居里·斯科罗特夫斯基夫人接受了。

在居里夫人的一生中,这是一个重要的日子。自从她成了著名人物以来,有几百种慈善事业、几百个联合会和团体请求她列名赞助,但她都没有同意,因为她认为不能得到她不曾付出劳动而获得的荣誉,所以她从不随便加入任何委员会;尤其是她需要在各种环境之下保持绝对的政治中立。她不愿放弃"纯粹学者"这个美好头衔,不愿置身于意见的纷争之中,连最无害的宣言她也从来不肯签名。

因此,玛丽·居里加入国联工作,是有特殊意义的,她只这一次没有忠于科学研究。国际文化合作委员会网罗了一些著名人物,如伯格森、吉尔伯特·墨莱、朱罗·德特瑞,还有许多其他著名人士……玛丽·居里后来成为副主席。她参加几个专家委员会,以及巴黎的国际文化合作研究院的指导委员会。

1922年2月7日,巴黎医学科学院院士的选举结果公布了。科学院院长晓发尔先生在讲坛上对玛丽·居里说:

"您是一个伟大的学者,一个竭尽心力工作和为科学牺牲的伟大妇女,一个无论在战争还是在和平中始终为分外的责任而工作的爱国者,我们向您致敬。您在这里,我们可以从您那儿得到精神上的益处,我们感谢您;有您在我们中间,我们感到自豪。您是第一个进入科学院的法国妇女,但是除您以外,还有哪个妇女可配拥有这种殊荣?"

1923年,居里基金会决定郑重庆祝镭的发现25周年。政府也参与了这个表示敬意的庆祝会。议会两院一致通过一项法案,给玛丽·居里4万法郎年金作为"国家酬劳",同时规定她的女儿伊雷娜和艾芙可享受继承权。自从波兰解放之后,居里夫人心里就有了一个伟大的计划:她要在华沙创设一个镭研究院,作为科学研究和癌肿治疗的中心。

居里夫人的倔强不足以克服种种困难。波兰在长期被奴役之后,元气大伤,一切都很缺乏,如缺乏财力、缺乏专门人才等等。而居里夫人根本就空不出时间来亲自安排,没有时间亲自募集基金。而这一切在她晚年的时光中都得以进行。在一个晴朗的早晨,波兰共和国总统砌了研究院的第一块砖,玛丽·居里砌第二块,华沙市长砌第三块……

在和居里夫人的接触中,波兰元首斯塔尼斯拉斯·吴哲其耶贺夫斯基惊讶玛丽·居里出国多年后,祖国语言依然说得极好;他这样说并非只是出于客气。他在巴黎的时候,还是斯科罗特夫斯基小姐的同伴。

这位总统问玛丽·居里:"你还记得吗?33年前我带着秘密的政治使命回波兰,你借给我一个旅行用的小枕头,那个枕头很有用!"

她笑着回答:"我还记得你忘了还我!"

过了几年,研究院还没有修建好,玛丽·居里和布洛妮亚的努力尚未完结;她们两个都已经把大部分积蓄用在这项工作上,但是还缺款项以购买治疗癌肿所必需的镭。

玛丽·居里没有失去勇气,她考虑了一下,又把注意力转向西方……转向以前曾给她很大帮助的美利坚,转向麦隆内夫人。这个慷慨的美国妇女了解她爱护华沙研究院的心,不次于爱护她自己的实验室。她又创出一个新的奇迹,募集购买1克镭所需的款项——这是美国赠与居里夫人的第2克镭。一切又重新开始!像1921年一样,她在1929年10月上船前往纽约,代表波兰向美国致谢。像1921年一样,人们给她许多荣誉头衔。这次旅行中,胡佛总统还邀请她

※ 化学辐射标志

发现放射性——居里夫人

在白宫住了几天。

1932年5月29日，玛丽·居里、布洛妮亚·德卢斯卡和波兰国家共同的工作圆满完成；共和国总统摩斯齐茨基先生、瑞果教授也出席了这场庄严的华沙镭研究院的揭幕典礼。布洛妮亚的办事能力和审美观念使得这座建筑宽敞，线条和谐。在过去几个月，这里已经开始用放射治疗法为病人治病。

这是玛丽·居里最后一次看见波兰，目睹她出生的城市的街道，慰藉她每次到波兰总怀着的思乡情绪，并且差不多近于懊悔地去看的维斯杜拉河。她在写给艾芙的信里，一再描述她极热烈地依恋的这条河、这片土地和这些岩石。

玛丽·居里每次旅行归来，总有一个女儿在车站的月台上迎候，等待她在特等车厢的一扇窗户前露面。而这位伟大的女性学者，一直到死都像一个匆忙的贫穷妇人，她总是那样小心地拎着一个很大的棕色手提皮包，永远是这一个，这是多年前波兰妇女联合会送给她的，里面塞满了各种纸张、文件、纸夹和眼镜盒子。她的一只手臂抱着一把萎谢了的花，这把很普通而且硬邦邦的花是那些热爱她的人赠给她的，虽给她添了许多麻烦，但她不肯扔掉。回到家里，在她看邮件的时候，艾芙跪在几个敞开的小皮箱前面，替她整理带回来的行李。

每天晚上，玛丽·居里坐在地板上，周围散落着纸张、计算尺、小册子等。她从来不按照一般"思想家"的习惯，在写字台前坐着圆椅子工作；那些文件及画满曲线的图纸需要无限的区域，而她认为思考更不应局囿于一个写字台的范围。

实验室的"仆役"和工人，也和别的人一样，经常感叹于玛丽·居里那深藏不露、世上少见的吸引力。她雇私人汽车司机时，人们可以看见乔治·波阿德热泪横流，因为他想到，从此以后每天把玛丽·居里由彼埃尔·居里路送回白杜纳码头的，是另外一个人，而不再是他了。乔治原是研究院里的杂役，既是干粗活的工友和技工，又是汽车司机和园丁。

玛丽·居里不大爱把深厚的感情表达出来，但她依恋所有那些与她共同作战的人，并且她能够辨别出这个大家庭里最热心、最高尚的人。

对于合作者的成绩，她从来都不吝表示赞赏，如果他们的论文通过或者获取了学位，或者被认为有领受某种奖金的资格，她就会为这个人举办一次"实验室茶会"。夏天的时候，这种聚会就在室外花园的椴树下举行；冬天的时候，餐具的响声会不小心打破这座建筑中最大的屋子——图书馆的安宁。

如果是一个试验的结果不尽人意,那对于她来说将是一件不幸的事情,她会表现出一种气恼的表情——对自己。她坐在椅子上,两臂交叉,背是驼的,眼神空虚,她的样子会突然像一个很老很老的农妇,因为遭受了巨大的悲痛而沉默忧伤。那些合作者看到她这样,怕是出了事故,怕是发生了悲剧,都来问她出了什么事。她会凄然地说出一句总括一切的话:"没能使锕X沉淀……"

玛丽·居里时常谈到自己的死,她表面上很镇定地谈论着这一不可避免的事,并且预计到实质的影响。她常常冷静地说这一类的话:"我的余年显然已经不多了。"或者:"在我去世后,镭研究院的命运如何,使我不安。"

但是玛丽·居里内心并不真正平静,她不甘心这样,她的全部本能都无不排斥"寿终"这个概念。从远处赞美她的人们,都以为她过了一生无与伦比的生活;但是由她自己看来,她这一生无足轻重,与

※ 核试验

发现放射性——**居里夫人**

她担当的工作是不相称的。

三十年前，彼埃尔·居里因为预感到死神要用偶然事故来夺取他的生命，便怀着一种悲剧的热情埋头工作。现在轮到她了，她也接受了这种隐晦的挑战。为抵御忧虑的袭击，她狂热地用计划和责任在自己周围筑起一道壁垒。她轻视那种一天比一天明显的疲乏，轻视压迫她的一些慢性疾病，如不好的视力，风湿性肩痛，时常发作的耳鸣。

居里夫人异常匆忙地工作着，而且还带着她惯有的那种对自己身体漫不经心的态度。她严厉地要求学生们作种种预防：用夹子拿装着放射性物体的试管，不碰没有遮护的试管等。而她自己却永远不注意这些。她勉强遵照镭研究院的规则，允许人验她的血。她的血液成分是不正常的。这有什么关系！……35年以来，她一直在接触镭，一直在呼吸镭射气。在四年战争期间，她还受过伦琴仪器发出来的更危险的射线。她冒了这么多危险，使血液略有变化，手上受了一些讨厌而且痛苦的烧伤，有时干枯，有时化脓，她觉得这也算不上很严重的惩罚！

1933年12月，玛丽·居里短期患病，这次的病让她产生了比较深刻的感受。X光照相显示她的胆囊里有一块结石，斯科罗特夫斯基先生就是死于这种病症！……为了免做她所害怕的手术，她才开始注意饮食调养，稍微留心身体的健康。

这位学者多年来不顾及自己的身体，她计划在梭镇乡间建一座房子，在巴黎搬一个新的住处，但是一再迟延，直到现在才匆匆开始进行。她审查工程预算，毫不迟疑地决定支付巨额费用。只等天气好的季节一到，就开始建筑梭镇的别墅，并且到1934年1月，便离开白杜纳码头的房子，搬到大学城里新建的一所现代化的房子里去。

年老的玛丽·居里原想做一次旅行，让布洛妮亚看看各处的美丽风景。但是走过几段路，到了她在加发来尔的别墅里，她就着凉了，觉得疲乏至极。她冷得发抖，并忽然感到失望，倒在布洛妮亚的怀里，像个有病的孩子一样抽泣。她担心她的书，恐怕患了气管炎就没力气把它写完。布洛妮亚照料她，抚慰她。到了第二天，她抑制住这种精神上的沮丧，从此再没有发生过类似情形。

后来阳光绚烂的天气给了她安慰，使她感到舒服。等她回到巴黎的时候，她觉得身体好了一些。一个医生说她患流行性感冒，并且与过去40年所有的医生说的那样——工作过度。她不注意自己一直有低烧。布洛妮亚回波兰去，不知为何心里总觉得不安。姐妹俩在开往华沙的火车前面，在那常到的月台上，最后一次互相拥抱。

居里夫人的病情时好时坏。在她觉得比较强健的时候，就到实验室去；在觉得眩晕虚弱的时候，就留在家里写书。此外，每星期用几小时计划她的新住房和在梭镇的别墅。

但一切似乎都太晚了，健康的死对头占了上风。她的热度更高，颤抖更厉害。艾芙不得不耐心说服她，使她同意再请医生。她总不肯请医生，借口医生们"叫人厌烦"，而且"没有钱酬谢他们"，因此没有一个法国开业医生得过她的诊费。这位学者，这位喜欢科学的人，就像村妇一样抗拒着医生的治疗。

在1934年5月的一天，大概下午三点半左右，一直在物理室里工作的玛丽·居里疲乏地抚摸着蒸发皿和仪器，这是她的忠实伴侣。她对她的合作者说："我在发烧，我要回家去。"

此后玛丽·居里再没能起床。她的病没有确诊，有时说是流行性感冒，有时又说是气管炎；与这种病症的斗争令人失望，却迫使她不得不接受一些令她厌倦的治疗。此时，她突然以令人惊骇的顺从态度来忍受这些，并且同意人们把她送进医院去做全面检查。两次X光照相，五六次分析，仍使被请到这个学者床边来的专家们困惑不解。似乎没有一个器官有病，看不出任何明显的病症。只有肺的X光相片上有她旧有的病灶和一点发炎的阴影，他们给她用湿包疗法和拔罐疗法医治。当她回到白杜纳码头的住房的时候，病情既不见好，也不见坏，她周围的人开始低声谈到"疗养院"。

艾芙担心地对她说了这个建议，她又听从了。她以为是城市中的喧嚣和灰尘使她不能痊愈，期望比较清新的空气能医好她。

玛丽·居里日渐衰弱。在试图把她转进疗养院之前，艾芙请法国最好的医生来诊视了一次。

后来，她的病势突然加重，但是医生们仍劝她立刻动身。这次旅行对她来说痛苦不堪：在火车上，她就支持不住了，倒在艾芙和护士的怀里晕了过去。等到她被安顿到桑塞罗谋疗养院中最美丽的一间房子里之后，医生又用X光照了一些相片，检查了几次：她的肺不是病因，这次移动全无用处。

玛丽·居里的体温超过40摄氏度，这是不能瞒她的，因为她总以学者的谨慎态度自己看水银柱。她

发现放射性——居里夫人

知识链接

镭的功效

一次，居里夫妇的朋友亨利·贝克特尔来实验室看他们，夫妇俩送给他一个装有镭的试管，他准备带回家去。但是他知道镭的厉害，不敢用手去拿，于是就用布层层包好试管，放到上衣的口袋里，以为这样就没什么问题了。结果回到家后，他发现靠近镭试管的那块肉被灼伤了。他对居里夫妇开玩笑似的说："这个镭，真是神奇，真是绝妙。我爱它，也恨它！"实验证明，只有铅能够抵挡镭射线，因此，所有装有镭的玻璃试管，都必须放在铅盒中保存。

镭强大的放射性，给人类医学带来了福音。经医学研究发现，镭射线对于各种不同的细胞、组织，其作用是不一样的，有些繁殖快的细胞，比如癌细胞，一经镭的照射就会很快被破坏。这个发现使镭成为治疗癌症的有力手段。癌瘤就是由繁殖异常迅速的细胞组成的，镭射线可以有效地将其杀死，这是癌症患者的希望。以往医生对癌瘤根本无能为力，只能眼睁睁地看着患者死去，但是自从有了这种新的治疗方法，全世界都在对其进行积极的尝试。当然，镭射线在破坏癌细胞的同时也会杀死周围的健康组织，但它的有效作用还是远比它的破坏作用大得多。这是镭在医学上的不可估量的作用。利用镭破坏产生病变的细胞，可以治疗红斑狼疮和其他几种癌症。这种治疗方法被定名为"放射疗法"，在巴黎它被称为"居里疗法"。许多医生利用这种方法对上述病症进行治疗，均获得成效。

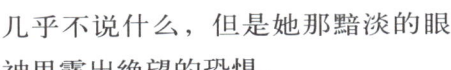

几乎不说什么，但是她那黯淡的眼神里露出绝望的恐惧。

迅速从日内瓦请来的罗斯教授，比较了最近几天检验血液的结果，看出血里的红白细胞数目都减得很快，因此诊断为极严重的恶性贫血症。玛丽·居里很担心她的胆囊里的结石。罗斯教授安慰她，答应决不给她做任何手术，并且想尽办法来给她治疗。但是生命正以极快的速度离开这个疲乏的身体。

7月3日早晨，玛丽·居里最后一次用颤动的手拿温度表，看出表上的度数降低了——临终前永远有的现象。她为这个表象感到高兴。艾芙告诉她这是痊愈的迹象，她现在就要复元了。她望着敞开的窗户，抱着强烈的求生欲望，对着太阳和岿然不动的群山说："治好我的不是药，而是清新的空气和地方的高度……"

临终的时候，她发出一些可怜的痛苦呻吟和一些迷惘的、惊讶的叹息："我再不能说明我的意思了……我感到恍惚……"她没有提到任何活着的人的名字。她没有叫她的大女儿，没有叫艾芙，也没有叫其他的近亲。在她那非凡的头脑里，只浮动着关于她的工作的种种大小挂虑，她断续地说着："各章的分段，都应该是一样的……我一直在想这个出版物……"

她注视一个茶杯，想用一把茶匙在里面搅动，但是这似乎不是茶匙，而是一把药刀——一种精巧的实验工具："这是用镭做的，还是用钍做的？"

她即将离开家人，和她心爱的"它们"在一起，她已经把她的一生献给它们，从此将永远与它们在一起。

后来她只是说了几句含糊不清的话；医生来给她注射，她忽然对他发出一种表示疲倦的微弱喊声："我不要，我希望不要打搅我。"

她临终的时刻，显示出一颗渐渐冷却的强壮的心，它仍在跳动，不知疲倦，不肯让步。比埃尔·卢依大夫和艾芙分别拉着她一只冰冷的手；还有16小时工夫，生命和虚无都不再困扰这个妇人了。到了黎明时分，阳光已把群山染成玫瑰色，并且开始在极明净的天空中运行；灿烂的晨光打入了这间屋子，光线照在床上一张瘦削的脸庞和毫无表情的灰色眼睛上。死亡已经使她的眼睛定住，她的心脏也停止了跳动。

科学还须对居里夫人的遗体进行分析判断。那些与已知的恶性贫血不同的异常症状和几次验血，指出了真正的罪魁祸首，那就是镭。

后来，瑞果教授写道："也许居里夫人要算是她丈夫和她发现的放射性物质的牺牲者之一。"

在桑塞罗谋，涛贝教授写出了如下的例行报告：

"居里夫人于1934年7月4日在桑塞罗谋去世。她的病症是一种发展很快的会发烧的再生障碍性恶性贫血，骨髓不起反应，大半是由于长期遭到辐射而有了改变。"

这个消息由安静的疗养院传了出去，很快传到全世界，并在几个地方引起了极深的悲痛：在华沙有海拉；在柏林的一辆赶往法国的火车上，有约瑟夫·斯科罗特夫斯基和布洛妮亚；在蒙彼利埃有雅克·居里；在伦敦有麦隆内夫人；

发现放射性——居里夫人

在巴黎有一些十分忠诚的朋友。

另外，还有镭研究院里的一些青年学者，在死气沉沉的仪器前面哭泣。乔治·福尼埃是玛丽·居里最喜欢的学生之一，他后来写道："我们失去了一切。"

玛丽·居里躲开了这些悲哀，躲开了这些激动和尊崇；她躺在桑塞罗谋的床上休息。一些科学家和忠诚的人始终在这座房子里保护她，不许生人进去看她，扰乱她的安息。许多人都不知道她去世时有多么优美。她穿着白色衣服，头发梳向后面，露出她那极大的额部。她面容平和、庄严而且勇敢，就像一个武士；那时候，她是世界上最美丽、最高贵的人。

她粗糙的、结了老茧的坚硬的双手，被镭严重灼伤，此时它们经常性的痉挛已经消失；它们伸在被单上，僵直，一动不动。

这是一双做了无数工作的手。

1934年7月6日星期五下午，玛丽·居里谦卑地到了最后的住所：没有演说，没有仪式，没有一位政治家或官员在场。爱她的近亲、朋友和合作者，依依不舍地把她葬在梭镇墓地里。她的棺木放在彼埃尔·居里的棺木上面，布洛妮亚和约瑟夫·斯科罗特夫斯基向墓穴洒下一捧从波兰带来的泥土。墓碑上又加了一行新字：玛丽·居里·斯科罗特夫斯基，1867—1934。

一年以后，玛丽·居里去世前写成的一本书出版，这是她给年轻的物理学爱好者的最后的启示。书名则是一个庄严璀璨的名词：放射学。书的灰色封面上印的著作者的介绍是："彼埃尔·居里夫人，索尔本教授，诺贝尔物理学奖，诺贝尔化学奖。"

※ 居里夫人将自己的一生都奉献给了所热爱的科学事业